대한민국 경제,
국가가 진실을 말할 수 없는 이유

대한민국 경제, 국가가 진실을 말할 수 없는 이유

발행일　　2015년 9월 18일

지은이　　이호룡, 지영화, 이창훈
펴낸이　　손 형 국
펴낸곳　　(주)북랩
편집인　　선일영　　　　　　　　　　편집　　서대종, 이소현, 권유선
디자인　　이현수, 윤미리내, 임혜수, 최연실　　제작　　박기성, 황동현, 구성우, 이탄석
마케팅　　김회란, 박진관, 이희정, 김아름
출판등록　2004. 12. 1(제2012-000051호)
주소　　　서울시 금천구 가산디지털 1로 168, 우림라이온스밸리 B동 B113, 114호
홈페이지　www.book.co.kr
전화번호　(02)2026-5777　　　　　　　팩스　　(02)2026-5747

ISBN　　979-11-5585-644-4 03330 (종이책)　979-11-5585-645-1 05330 (전자책)

이 도서의 국립중앙도서관 출판예정도서목록(CIP)은 서지정보유통지원시스템 홈페이지(http://seoji.nl.go.kr)와
국가자료공동목록시스템(http://www.nl.go.kr/kolisnet)에서 이용하실 수 있습니다.
(CIP제어번호 : CIP2015025055)

대한민국 경제,

국가가 진실을 말할 수 없는 이유

미필적 고의에 의한
경제 위기 방조

"나라에 돈이 없는 게 아니라 도둑이 너무 많다!"

국민을 위한 정책이라고 외치는 그들의 거짓말,
이대로라도 우리는 대한민국의 행복한 미래를 기대할 수 있을까?

북랩 **book** Lab

감사의 글

2년 전부터 문득 책을 써야겠다는 생각을 가지고 시작한 집필 작업이 이렇게 늦어질 줄은 몰랐습니다. 업무가 바빠서라는 핑계로, 또 뇌종양 수술 후의 회복을 핑계로 너무 오래 미뤄둔 것 같습니다. 무엇보다도 전문 지식의 부족으로 인한 자신감의 저하로 쓰다가 지우고, 또 쓰다가 지우기를 반복했습니다. 그러나 저를 믿어주시는 지인 분들과 고객분들 덕분에 부족한 책을 완성할 수 있었습니다. 부족한 줄 알면서도 다음 책을 더 잘 쓰기 위한 경험으로 생각하고 마침표를 찍어보자는 데 의의를 두었습니다.

2009년 꽃샘추위가 한창이던 2월 말 8년간의 군 생활을 마치고, 처음 발 디딘 곳이 테헤란로의 선릉역 1번 출구였습니다. 20대의 대부분을 군생활로 보내다 보니 나와서 사회에서 할 수 있는 일은 많지 않았고, 결국 군 선배의 권유로 보험 영업의 길에 들어서게 되었습니다. 모난 성격에 전통적인 보험 영업이 가능할 리 없었던 저는 재무컨설팅이라는 전문적인 돈 관리 방법을 배워 영업의 방침으로 삼았습니다.

저의 재무컨설팅 첫 고객은 배고일 형님입니다. 꼼꼼하고 까다로운 성격의 형님은 재무컨설팅 보고서에 적힌 숫자 하나까지도 따지며 물었고, 만족하실 때까지 수정에 수정을 반복하며 한 달 내내 브리핑을 했던 기억이 아직도 생생합니다. 결국 다섯 번의 브리핑 끝에 첫 계약이 이루어졌을 때 참치 횟집에서 고생했다고 소주 한 잔 사주셨던 것이 지금도 생각이 납니다. 첫 고객이자 첫 진상고객(?)인 고일 형님을 계기로 재무컨설팅에 대한 기초지식을 탄탄하게 다질 수 있었고, 이후의 컨설팅 활동에도 많은 보탬이 되었습니다. 아직도 늘 감사합니다.

증권사에서 근무할 때는 새벽 4시에 일어나 출근하여 매일 경제시황을 써왔습니다. 제가 쓴 시황에 대해 늘 칭찬과 지적을 해주시던 지영화 대표님께도 감사드립니다. 오랜 기간 시황을 써올 수 있었던 것은 지 대표님을 비롯한 고객 분들의 관심이 있었기 때문이고, 시황을 써내려가던 필력이 모여 이 책을 완성할 수 있었습니다. 지금도 적극적으로 후원해주시며 사업파트너로서 함께하고 계시는 지영화 대표님의 신뢰 덕분에 작은 사무실이나마 차릴 수 있었습니다. 이 책의 집필에도 참여해주셔서 감사합니다.

뇌수술 후 연고도 없이 부산에서 재무컨설팅을 하던 저에게, 힘든 시기에 잘 적응할 수 있도록 도움을 주신 심재준 센터장님께도 감사드립니다. 직접 강의 스케줄까지 잡아주셔서 강사로서의 경험을 쌓는 데 많은 도움이 되었습니다. 그리고 재무 설계사 분들에게 적극적으로 저의 강의를 추천해주신 선준영 팀장님께도 감사의 말씀 드립니다. 부산에서의 기억이 인상 깊게 남는 것은 이처럼 저에게 기회를 주신 두 분 덕이었습니다.

이번 책을 쓰면서 말로 설명하는 것보다 글을 쓴다는 것이 훨씬 어렵다는 것을 느꼈습니다. 고등학교 국어교사로 매일 늦게 퇴근하면서 이 책의 교정까지 참여해 준 동생 지영이에게도 감사하다는 말을 전하고 싶습니다.

이 일을 처음 시작했을 때 고인이 되신 최인호 작가님의 〈상도〉라는 책을 힘들 때마다 여러 번 읽었던 생각이 납니다. 조선 최고의 거상 임상옥은 '財上平如水 人中直似衡(재상평여수 인중직사형)'이라는 유언을 남기는데 저의 명함에 새긴 이 문장은 제 인생의 화두가 되었습니다.

'재물은 평등하기가 물과 같고, 사람은 정직하기가 저울과 같다'라는 뜻으로 이 문장을 되새겨 볼 때면, 늘 '나는 그러한가?'를 자문하곤 했는데 매번 부끄러웠던 것 같습니다. 돈 장사라는 것이 이왕이면 돈이 많은 부자 고객에게, (수수료가)비싼 금융상품을 팔았을 때 이익이 남는 것인데, 그러한 유혹을 절제할 수 있었던 것은 이 화두 때문이었습니다.

컨설팅 할 때마다 매번 고민을 했던 것 같습니다. 당장의 이익을 찾을 것인가? 아니면 사람의 신뢰를 얻을 것인가? 그럴 때 이 문장은 나침반 같은 역할을 해주었고, 큰돈은 못 벌었지만 조금이나마 고객과의 신뢰를 쌓을 수 있는 계기는 만들어졌던 것 같습니다.

힘들 때마다 이 〈상도〉를 보게 되는데, 마음을 다잡고 계속 이 길을 걷는 데 위안이 되곤 합니다. 특히 '商卽人(상즉인)', 장사란 이익을 남기는 것이 아니라 사람을 남기는 것이라는 명언 또한 평생 아로새겨 살아가려고 합니다. 아직도 이 두 문장으로 저에게 물었을 때는 한참 부족합니다만, 늘 생각하며 반성하는 사람이 되도록 하겠습니다.

　마지막으로 늘 저에 대한 걱정으로 사시는 부모님께 직접 감사하다는 마음을 전달해보지 못했는데, 이렇게 부족한 책에서나마 늘 감사하다는 말씀을 드리고 싶습니다.

2015년 여름의 끝자락에서

대표저자 이호룡

프롤로그

    한국 경제를 살리기 위한 대통령의 의지와 정부 각계 각처의 노력으로 경제 상황이 호전되고 있다는 객관적 지표가 나오고 있습니다. 그리고 그 지표들을 전쟁의 전리품처럼 자랑하기 바쁩니다. 그런데 우리들의 삶이 나아지고 있다고 느끼지 못하는 이유는 무엇일까요?

    경상수지는 38개월 연속 흑자를 기록하고 있습니다. 한국의 자랑스러운 기업은 해외로 뻗어나가 천문학적인 매출을 달성하고 있고, 종합주가지수는 2000선을 훌쩍 넘었으며, 실업률은 4%대로 미국, 독일, 프랑스 등의 주요국가에 비해 매우 낮은 편입니다. 거의 완전 고용 상태에 이르고 있습니다.

    하지만 여전히 OECD 국가 중 자살률 1위의 오명을 벗지 못하고 있고, 2014년 세계 행복지수(갤럽 조사) 순위는 조사 대상 143개국 중 118위를 기록했습니다. 이는 내전 중인 국가로 유명한 중동의 팔레

스타인과 아프리카 가봉, 생소한 나라인 아르메니아와 동일한 순위입니다.

양호한 수준의 양적 경제지표에도 불구하고 양호하지 못한 질적 삶의 지표 사이의 심각한 괴리를 나타내고 있는 이 현상은 어떻게 설명할 수 있을까요? 대한민국이 충분히 살기 좋은 나라임에도, 국민 개개인이 만족스러운 삶에 대한 기대치가 비정상적으로 높아서일까요? 아니면 수많은 양적 경제지표와 달리 대한민국은 살기 좋은 나라가 아닌 것일까요? 이 책에서는 2015년 현재, 대한민국의 건장한 외형 안에 숨겨진 위기의 씨앗들을 살펴보고자 합니다.

2008년 금융위기 이전의 우리 서민의 삶에서 경제적 생존방식은 재테크였습니다. IMF 위기 이후 직업 안정성이 무너지고, 불확실한 미래를 대비하기 위해 내가 직접 투자하여 자산을 형성해야만 한다는 불안감이 만들어낸 것입니다. 소위 재테크 열풍이 분 것입니다.

뒤에 자세히 언급할 부분이지만 아이슬란드 국민들은 재테크 열풍을 넘어 광풍으로 전 국민이 헤지펀드 매니저처럼 투자에 열광하였다가 결국 국가파산을 맞이하게 됩니다. 그러나 그 위기에서 문제의 근본적인 핵심을 잘 잡고 전 국민이 힘을 합쳐 해설해낼 수 있었습니다. 이때 아이슬란드 정부와 국민의 화두는 '국민을 살릴 것인가? 기업을 살릴 것인가?'이었습니다. 결국 국민을 살리는 쪽을 택하여 위기를 극복했고, 현재는 다른 나라들이 부러워하는 살기 좋은 나라가 되었습니다.

우리나라는 IMF 위기 때도, 2008년 금융위기 때도 늘 국민보다 기업이 먼저였습니다. IMF 때에는 국가의 어려움을 극복하기 위해 전국민이 나서서 금모으기 운동을 한 것은 전세계에서도 찾아보기 힘든 사례로 높이 칭찬받고 있습니다만, 정작 그 국민의 가장들은 길거리로 나앉아야만 했습니다. 구조조정으로 많은 근로자들이 명예롭게 퇴직하게 되었습니다. 이른 나이에 퇴직한 근로자들은 퇴직금으로 생계를 이어나가야 했고, 너도 나도 치킨집 같은 자영업을 차리느라 퇴직금을 투자했습니다. 포화된 자영업 시장에서 살아남기는 쉬운 일이 아니었고, 연이은 도산으로 현재 가장 많은 부채를 떠안은 골칫거리로 전락하였습니다. 금모으기에 참여했던 부모의 자녀들은 지금까지도 그 고통을 이어가고 있습니다.

IMF 이후 그나마 기댈 곳은 부동산과 증시투자였습니다. 세계 여러 나라들이 앞 다투어 자산거품을 일으켜 자산 경기를 부양했습니다. 그러나 이것도 오래가지 못했습니다. 2008년 금융위기 이후 코스피 지수가 890포인트까지 폭락하자 주식투자자들은 '멘탈 붕괴' 상태가 되었습니다. 금융위기 이후 당시 재테크로 많은 자산을 잃었던 대부분의 사람들이 충격으로 펀드, 주식, 재테크라는 단어에 경기를 일으킬 정도였고, 자살하는 사람도 급격히 늘었습니다.

그러나 재테크에 대한 거부감도 잠시, 미국의 양적완화로 인한 주식, 채권 등 수익률의 급상승이 사라졌던 입맛을 다시 자극했고, 여전히 국가가 나의 노후를 책임질 것이라는 기대감이 전혀 없는 청·장년층들로 하여금 재테크라는 노름판에 또 다시 뛰어들게 하였습니다. 수영을 배우지 않은 사람이 물에 빠져 죽을 고비를 넘긴 지

얼마 되지 않아 또 다시 바다에 뛰어든 꼴이 되었습니다.

바다에 뛰어들어 겨우 버티고 있는 사람들에게 2015년 현재 금융시장의 이슈는 미국의 금리인상과 중국의 버블경제위기 입니다. 이에 따른 부동산, 주식 등의 재테크 상품들의 방향은 예측하기가 매우 어렵습니다. 불안한 미래가 또 오고 있다는 것을 암시하는 것이라 생각됩니다. 물에서 나와 바다의 조류가 어떻게 바뀌는지 봐야 할 때인 것입니다.

저는 개인적으로 재테크에 대한 조언을 포함하는 재무컨설팅 일을 하고 있습니다. 그런데 경제 공부를 하면 할수록 '내가 하는 조언들이 옳은가?' 하는 회의감에 빠져들기도 합니다. '과연 재테크가 답인가?'라는 우려와 '열심히 일해서 번 돈을 재테크라는 좋은 단어로 포장한 노름판에 쏟아붓도록 부추기는 나쁜 사람이 아닌가?' 하는 죄책감도 들었기 때문입니다.

재테크보다는 정치, 경제, 사회적 문제(선거, 가계부채, 빈부격차, 노동개혁 등의 문제)에 대한 관심과 행동이 자신과 자신이 속한 집단의 불확실한 미래를 바꿀 수 있는 더 확실한 방법일 수 있습니다. 적어도 저는 그렇게 생각합니다. 그런데도 재테크를 찬양하는 사람들은 당장 자신에게 이익을 가져다주지 못하는 정치, 경제, 사회 문제에 대한 관심과 행동을 '사치' 혹은 '오지랖'인 양 비하해버리는 분위기가 밑바탕에 깔려있는 것 같아서 안타깝습니다.

국가는 헌법에 명시된 대로 국민의 행복한 미래를 위해 최선을 다해야 합니다. 하지만 우리나라의 서민 어느 누구도 정부가 그렇게 해줄 것이라고 기대하는 사람은 없습니다. 그리고 이것이 너무나 당연시되고 있는 사회에서 경쟁과 적자생존이라는 단어가 너무나 태연자약하게 남용되고 있고, 여기서 살아남지 못하면 루저(looser)가 되어버립니다.

국가는 그 루저에게 재활의 기회를 주기는커녕 그냥 신용불량자라는 낙인을 찍어 개인의 탓으로 치부해버립니다. 이를 잔인한 시스템이라고 비판하는 시각이 많아져야 함에도 불구하고 언론의 행태는 그렇지 못한 경우가 많습니다. 그리고 다음의 차례가 될지도 모르는 사람들은 이미 낙인이 찍힌 사람들을 보면서 '나는 저렇게 되지 말아야지' 하는 가벼운 긴장감을 주는 '에너지드링크'쯤으로 생각하는 사회가 된 것 같아서 답답함이 가슴을 꽉 채웁니다.

통합을 두려워하는 기득권층은 역사적으로 조선, 일제강점기 시대를 거쳐 광복 이후에도 늘 분열을 조장하는 방식으로 경쟁과 적자생존을 부추겨 자신들의 기득권을 유지해 왔습니다. 권력의 정점에 있는 이들은 잘못된 환경에 대한 문제를 제기하는 사람들의 목소리를 철저히 배제하였고, 그러한 환경에서의 경쟁을 통한 소수의 성공을 롤 모델로 보여주면서 이 사회가 잘못되지 않았음을 강조합니다.

'개천에서 용 났다'는 말이 있습니다. 다르게 말하면 '너희들이 사는 개천에서도 용이 나올 수 있으니, 개천이 좁다느니 하는 불평일랑 하지 말고, 용이 되기 위해 노력해라.'라는 뜻으로 들릴 때가 있습니다. 하지만 요즘에는 개천에서 용 나올 구멍도 더 작아진 느낌입니다. 사회계층에서 지위의 상하 이동을 말하는 '사회이동'이 점점 더 어려워지고 있기 때문입니다.

TV 프로그램들은 이런 사회를 비판하기보다는 포장하고 미화하는 데 더 열을 올립니다. 그 대표적인 것이 10대 위주의 가수 지망생들이 출연하는 서바이벌 가수 오디션 프로그램입니다. 어린 나이의 출연자들은 심사위원들의 비수 같은 지적에 눈물을 글썽이면서도, 그 중압감을 고스란히 받아냅니다. 언제든지 탈락할 수 있다는 불안감 속에서도 피나는 노력을 하는 장면을 리얼하게 보여줍니다. '그 나이 대의 청소년이 받아야 하는 압박으로 당연한 것인가?' 하는 의문을 우리 스스로에게 던져봐야 합니다. 그러나 단지 심사위원들의 상업적 잣대로 그 어린아이들의 꿈을 재단해 버립니다. 그리고 상업적 잣대를 넘어서지 못하는 아이들은 루저가 됩니다. 낙심한 아이들이 가수의 꿈을 포기하는 경우도 많을 것입니다.

문제는 이런 서바이벌 시스템을 여기저기 다른 분야에까지 적용합니다. 한때 공부하는 방법을 가르쳐주는 프로그램이 방영된 적이 있습니다. 선정된 학생들을 대상으로 멘토들이 공부하는 비법들을 알려주고, 올라가는 성적을 드라마틱하게 연출합니다. 전국의 수험생 어머니들이 드라마처럼 챙겨보았겠지요.

성적만 올라가면 마치 인생을 성공한 듯이 기뻐하는 출연 학생들과 학부모의 벅찬 감동이 시청자에게도 전달됩니다. 하지만 극적으로 성적이 향상된 몇몇의 인생은 달라질 수도 있겠지만, 이 사회와 교육은 바뀌지 않습니다. 모두가 공부를 잘하게 되더라도 성적순대로 줄을 서야 하는 것은 마찬가지입니다. 프로그램의 취지는 좋다고 하더라도 '실패는 나의 몫'이라는 대명제를 청소년들에게 각인시킵니다.

어릴 때부터 그런 프로그램들을 보고 자라온 청소년들은 이런 사회 풍조를 당연하게 받아들이게 됩니다. 그리고 다양한 세상을 경험하며 밝고 건강하게 자라야 할 청소년들이 수년간 학교와 학원을 전전하다 보면, 어느 순간 이 사회에서의 자신의 위치가 정해져버립니다. 현대판 골품제라고 할 수도 있지요. 순수한 배움의 즐거움을 느끼기도 전에 성적만으로 밥그릇이 결정되어버리는 것이죠.

제가 즐겨보는 인문학 강의 프로그램이 있습니다. 한번은 성공한 CEO가 강사로 나왔습니다. 아이러니하게도 내용은 인문학과는 전혀 다른 내용이었고, 막 써재낀 자기계발서 같은 느낌이랄까, 강사 자신이 성공하기 위해 겪었던 일들을 나열하기 바빴습니다. 구직난에 허덕이는 이 시대의 청년들에게 '지금 나는 무엇을 해야 하는가?' 또는 '앞으로 어떻게 살아야 의미 있는 삶인가?'를 고민할 수 있는 화두를 던져야 할 인문학 강단에 '산업화 시대의 프레임' 안에서 자신의 사회적 위치를 과시하려는 생각만으로 '난 되는데 너네는 왜 안 되냐?'라는 사고방식을 가진 소위 말하는 '꼰대'가 올라온 것입니다.

이 강사는 강연에서 살기 좋은 나라 1위인 덴마크의 예를 들었습니다. 덴마크 사람들은 자기가 하고 싶어하는 일을 하며 자기 일에 만족할 줄 안다고 하였습니다. 택시기사는 활동적인 택시기사의 장점을 좋아하여 그 일에 만족하고, 웨이트리스는 손님들이 식사하는 모습을 보면 행복해서 그 일을 한다고 소개합니다. 스스로 자기 삶의 주인공이기 때문에 만족하고 사는 것이라고 말합니다. 강의를 듣는 사람들에게도 자신이 하고 싶은 일을 찾아서 삶의 주인공이 되라고 강조합니다.

정말 이상적인 내용이죠. 하지만 덴마크의 세계 최고 수준의 정치 청렴도와 복지수준, 귀천을 따지지 않는 직업관 및 수준 차이가 크지 않은 급여에 대해서는 말해주지 않습니다. 우리나라 사람이 덴마크에 이민을 가서 산다면, 택시기사와 웨이트리스 일을 하면서 불평불만만 늘어놓을까요? 반대로 덴마크 사람이 우리나라의 식당에서 홀 서빙을 한다면 만족하며 살 수 있을까요? 문제는 우리의 마음가짐이 아니라 사회시스템에 있습니다. 덴마크에서 자기 직업에 대한 만족도가 높은 것은 근로 환경이 주요 요인이지 국민성이 그렇다고 치부할 일은 아니죠.

이 강연자의 사례를 든 이유는 결국 우리나라의 정치, 경제적 환경은 덴마크와 같은 복지 선진국과는 다른 환경이라는 점을 밝히고 싶었기 때문입니다. 또한 그 환경을 개인의 노력으로 극복하기에는 한계가 있습니다. 우리나라의 정치, 경제적 환경을 바꾸어 나가야 할 주체들은 유착이라는 단어보다 한 단계 업그레이드된 자웅동체 같은 변태變態적인 관계를 유지하고 있습니다.

청년층에서 88만 원 세대(안타깝게도 8년 전에 만들어진 용어이지만 여전히 유효합니다)가 즐비한 가운데, 거기에 장·노년층과 외국인 노동자까지

가세하여 일자리 경쟁률이 심각해지고 있으니, 88만원에서 얼마나 더 내려갈지 앞날이 막막해지는 시기입니다. 이런 상황에서 과거의 성공한 사람들은 다시 오지 않는 황금시대의 추억을 떠올리며 오늘날을 살아가는 청년들에게 희망고문과 함께 상대적 박탈감과 자괴감을 안겨줍니다.

서울역에 가면 많은 노숙자를 볼 수 있습니다. 이들도 한때는 각자의 인생에서 빛나던 시절이 있었을 것입니다. 처음부터 노숙자인 사람은 없었겠지요. 그들이 거기까지 추락한 것은 그들만의 잘못이 아닙니다. 추락할 때 잡아주지 못한 정부와 사회의 책임도 있습니다. 그렇다면 지금 서울역에 늘어만 가는 노숙자들을 어떻게 해야 할까요? 적자생존과 경쟁의 논리로 돌아가는 천박한 자본주의를 찬양하며, 여기서 낙오한 사람을 상징하는 전시물처럼 그냥 방치해야 할까요? 과거 군부 독재시절에는 사회정화사업으로 형제복지원(한국판 홀로코스트라고 불립니다)이라는 시설에 모아놓고 노동력을 착취하고 인권을 유린하며 수많은 사람을 죽게 하기도 했지요. 그들도 우리의 국민이고, 국민은 행복하게 살아갈 권리를 헌법으로 규정한 대로 보장받아야 합니다. 이들을 보며 나도 앞으로 최악의 경우 서울역 노숙자가 될 수 있다는 생각을 가지고 그들의 복지를 생각해 볼 필요가 있습니다.

그들이 사람답게 살 수 있고, 재활의 기회를 얻을 수 있는 사회가 된다면 더 이상 노숙자가 생기지 않을 것이고, 적어도 저와 여러분이 최악의 상황에 놓였을 때 서울역 노숙자 보다는 나은 삶을 유지하게 되겠죠. 이것이 재테크라는 도박보다 더 확실한 안전장치가 될 수 있습니다. 투자 용어로 헷지(hedge)인 셈이죠.

매번 땅 파는 데-SOC(Social Overhead Capital,사회간접자본)사업들- 돈을 펑펑 써재끼는 정부지출을 학생들 무상급식과 반값 등록금에 사용한다면 학생들의 부모는 그 돈으로 생활자금이나 노후자금으로도 활용할 수 있게 됩니다. 아껴진 돈만큼 자연스럽게 소비가 늘어나면 내수경기 부양에 직접적으로 도움이 될 수 있습니다. SOC사업에서 혜택을 받은 기업들에게 고용과 투자를 기대하는 것보다 효율적이고 확실한 방법입니다. 세금을 더 내야 하는 것이 아니라, 현재 내고 있는 세금을 제대로 쓰고 있는지 국민들이 지켜보고 있다는 어필만 해도 가능합니다. 이것이 가장 안전한 재테크입니다. 내가 벌어서 낸 세금으로 운영되는 정부 지출에 대해 정당하게 발언하는 것은 국민의 삶의 질 차원에서도 한 단계 업그레이드하는 결과가 되는 셈이겠죠.

앞에서 덴마크 사례를 언급했지만, 예전에 한 다큐멘터리에서 덴마크가 정치청렴도 1위가 될 수 있었던 이유 중에 하나로 정치의 조기교육을 꼽았습니다. 초등학교의 숙제가 '자기 지역의 정치인에 대해 부모와 토론하기'였다고 합니다. 미래의 유권자가 어릴 때부터 정치와 정치인들에게 대한 관심을 갖고, 정치인들의 말과 행동을 기억하게 하는 것입니다. 그러면 정치인들은 행동을 함부로 할 수 없을 뿐더러 더 낮은 자세로 그들의 목소리를 듣고 반영할 수밖에 없다는 것입니다. 반면 우리나라는 정치에 대한 관심이 부족하고 정치적

이슈를 너무 쉽게 잊는 경향이 있습니다.

이 책에서는 우리나라에 산재해 있는 수많은 경제 문제 중 일부만 담았고, 복잡한 문제를 단순화하다 보니 전체 경제를 이해하고 분석하기에는 내용이 부족할 수도 있습니다. 하지만 재테크에만 몰두하기보다는 정치, 사회, 경제적 문제에 관심을 가짐으로써 모두가 행복해질 수 있는 권리를 당당하게 찾았으면 하는 바람을 가지고 썼음을 이해해주셨으면 좋겠습니다.

본문으로 들어가기 전에 인상 깊었던 시 한 구절 소개하려고 합니다. 나치시대 독일의 루터파 목사이자 나치에 저항 운동을 했던 마틴 니뮐러의 시로 제목은 '그들이 왔다'입니다.

They came first for the Communists,

그들은 처음에 공산주의자들을 잡아갔다.

and I didn't speak up because I wasn't a Communist.

나는 공산주의자가 아니었으므로 침묵했다.

Then they came for the trade unionists,

그 다음에는 노동조합원을 잡아갔다.

and I didn't speak up because I wasn't a trade unionist.

그런데 난 노동조합원이 아니었으므로 침묵했다.

Then they came for the Jews,

그 다음에는 유태인을 잡아갔다.

and I didn't speak up because I wasn't a Jew.

나는 유태인이 아니었기 때문에 침묵했다.

Then they came for me

그 다음에는 나를 잡아갔다.

and by that time no one was left to speak up.

그때에는 나를 위해 나서줄 사람이 아무도 남아 있지 않았다.

2015년 8월 저자 이호룡, 지영화, 이창훈

차례

그림목차

제1장

#가계부채 #핵폭탄 #아몰랑 #경제위기

세계 경제위기를 초래한 광란의 부동산 파티

한국 경제의 핵폭탄 '가계부채'

가계부채는 고삐 풀린 망아지

'가계부채 7대 취약국' 먹는 국인가?

아직 아무것도 시작되지 않았다

가계부채 도미노 게임

아직은 관리 가능하다 = 곧 불가능해진다

짖어라. 나는 내 갈 길을 가련다

세계 경제위기를 초래한
광란의 부동산 파티

2008년 미국에서 시작된 금융위기는 미국뿐만 아니라 전 세계를 공포에 떨게 했다. 증시와 채권 가격의 폭락은 물론이고, 미국과 같이 부동산 열기가 뜨거웠던 나라들의 부동산 거품이 붕괴되면서 어떤 자산가치의 폭락보다 국민들에게 큰 충격을 가져다주었다.

미국의 부동산 폭락이 서민들에게 안겨준 충격은 단순히 재산을 잃은 상실감 정도로 끝나지 않았다. 정치적, 안보적 위기를 초래한 금융권의 탐욕에 분노를 표출하는 지경에까지 이르게 한 것이다. 대표적인 사례로 2011년 9월 '월가를 점령하라(Occupy Wall Street, OWS)'라는 시위가 있다. 서브프라임 모기지 사태에서 금융권의 탐욕으로 인한 피해와 빈부격차의 확대에 따른 분노가 대규모 시위를 일으켰고, 1% 대 99%라는 구호로 유럽과 아시아에도 영향을 끼쳐 유사한 시위가 벌어지는 계기가 되었다.

이 시위와 관련한 뉴스 중에서 인상 깊게 남는 장면이 있다. 많은 사람들이 월가에서 시위를 하고 있는 와중에, 금융위기를 유발시킨 고연봉의 금융인들은 고층건물에서 여유롭게 와인 잔을 손에 든 채, 시위대를 마치 동물원의 원숭이처럼 쳐다보는 모습이었다. 자신들의 잘못으로 빚어진 일임에도 반성의 기미도 없이 시위하는 사람들을 보며 여유로운 표정으로 와인을 즐기며 웃고 떠드는 모습이 사이코패스를 생각나게 할 정도였다.

인간의 삶이 고통의 연속이라 하지만 그럼에도 불구하고 인생을 살아볼 만한 이유는 삶의 곳곳에 희망이라는 끈이 있기 때문이다. 그런데 이번 위기는 사람들의 삶 속에서 실낱같던 희망조차 지워버린, 감당하기 어려운 시련이었다. 2000년대 초반 미국의 주도하에 이루어진 자산가격 상승과 그로 인한 경제호황은 결국 '최후의 만찬' 같은 것이었고, 브레이크 없는 슈퍼카 안에서 즐기는 도수 높은 위스키였던 셈이다.

이 최후의 만찬을 즐길 수 있게 해준 것은 어처구니없게도 자본주의 최고의 작품인 금융시스템이었다. 복잡한 파생상품[1]을 만들어놓고 이것이 불러올 재앙은 외면한 채 수익적 측면에만 집중한 것이다.

미국에서 일어난 서브프라임 모기지 사태[2]는 과도한 주택담보대출로 시작되었다. 대출 상환 능력이 없는 사람들에게 무책임한 대출을 남발한 결과 국민은 길거리로 내몰려야 했고 미래에 대한 희망을 빼앗아 삶의 의미마저 사라지게 만들었다. 사태는 이것만으로

---

1) 기초자산의 가치 변동에 따라 가격이 결정되는 금융 상품.
2) 미국의 초대형 모기지론 대부업체들이 파산하면서 시작된 연쇄적인 경제위기.

끝나지 않았다. 이 주택담보대출을 기초자산으로 하는 파생상품으로 레버리지[3]를 높이고, 전 세계의 금융기관이 그 파생상품들의 위험을 인지하지 못한 채 과도한 투자를 하면서 그 영향력은 핵폭탄처럼 커지게 되었다.

파티가 절정에 달할 무렵 미국정부와 중앙은행은 접시를 하나씩 빼면서 파티의 마무리를 준비하는 역할을 했어야 했다. 그런데 절정의 순간을 계속 즐기고 싶었던 주최자는 접시를 더욱 늘려 더 많은 술과 음식을 내놓았고, 참석하지 말았어야 할 사람들까지 파티장 안팎을 가득 메워 파티를 즐기게 하였다. 광란의 파티가 막을 내릴 즈음 술이 깨어 정신을 차려보니 파티장은 아수라장이 되었다. 계속 오르기만 할 것 같던 부동산은 광란의 파티 그 자체였다. 우스갯소리로 억만장자 집에서 일하는 가정부가 본인의 명의로 집 5채를 보유하고 있었다고 하니, 지나고 나서 하는 얘기지만 미국 부동산 시장의 폭락은 안 봐도 비디오였다.

그런데 그때 부동산 버블이 터지지 않고, 비교적 완만하게 내려온 대표적인 나라가 한국이다. 그 뒷 배경에는 노무현 정부의 부동산에 대한 강한 규제정책이 있었다. 우리나라에 몇 안 되는 일종의 부유세[4]인, 종합부동산세[5]도 한몫했다. 이 정책으로 인해 2000년대

---

3) '지렛대'라는 뜻으로 자기자본에 타인자본을 차입하여 수익률을 극대화하는 투자법.
4) 일정액 이상의 자산을 보유하고 있는 사람에게 과세하는 세금.
5) 전국의 부동산을 유형별로 구분하여 세대별 또는 개인별로 합산한 결과, 일정 기준을 초과하는 보유자에게 과세되는 세금. 부동산을 많이 보유한 사람에 대한 세금을 강화해 과세형평을

초중반의 부동산 투자 과열 양상은 조금씩 가라앉았고, 미국의 서브프라임 모기지 사태 속에서도 상대적으로 낙폭을 줄일 수 있었다.

당시 부동산 자산가 고객들을 만난 적이 있는데, 노무현 정부를 극도로 싫어하는 반응이 대부분이었다. 주된 이유는 종합부동산세를 들었다. 그들이 소리 높여 반대했던 이 종합부동산세는 당시 부동산 가격 상승을 제한하는 효과가 있었으며, 이는 서브프라임 모기지 사태의 충격을 완화하는 데에도 중요한 역할을 했다고 볼 수 있다.

제고하고, 비생산적인 부동산 투기수요를 억제하여 부동산 가격을 안정시키기 위한 목적으로 2005년부터 시행되었다. 1차로 부동산 소재지 관할 시군구에서 관내 부동산을 과세유형별로 구분하여 재산세를 부과하고, 일정금액 초과 시 주소지 관할 세무서에서 종합부동산세를 과세한다. 매년 6월 1일 현재 소유 부동산을 기준으로 과세대상 여부를 판정하는데, 과세대상은 주택, 종합합산토지, 별도합산토지로 구분하여 기준금액을 초과할 경우 과세 대상이 된다.

한국 경제의 핵폭탄
'가계부채'

우리나라는 서브프라임 모기지 사태를 비교적 수월하게 극복했다. 금융위기 이후 MB정부는 경제를 살린다는 명목하에 많은 규제를 완화했고, 직·간접적으로 가계신용[6]이 증가하는 결과를 초래했다. 현 박근혜 정부 또한 같은 방식으로 좀 더 적극적으로 가계에 대출을 권하고 있으며 이로 인한 가계부채는 1,000조 원을 넘어서 빠르게 상승하는 모습을 보이고 있다.

2015년 8월에 발표된 2분기 한국은행의 통계에 따르면 가계신용 잔액이 1,130조 원으로 집계됐다. 이는 갓난아기부터 미운 다섯 살 꼬마, 중학교 2학년, 삼촌, 이모, 할머니, 할아버지를 막론하고 국민 1인당 2,260만 원의 채무를 지고 있는 셈이다. 4인 가족을 기준으로 하면 한 가구당 9,040만 원의 몫이다.

---

6) 은행, 저축은행, 협동조합, 신용금고, 카드사, 캐피탈, 보험사 등 대부업체와 개인 간의 대출을 제외한 금융기관에서 빌린 담보대출, 신용대출, 카드론, 현금서비스, 할부 등 전체 가구의 대출 잔액을 말한다.

1,130조 원 ÷ 5000만 명(총인구 가정) ≒ 2,260만 원

2,260만 원 × 4인 가구 = 9,040만 원

게다가 〈그림 1-1〉을 보면 부채증가 속도는 근로자의 임금상승 속도보다 빠르다. 빚을 갚아나가기는커녕 점점 더 늘고 있다는 것이다. 내가 빚이 없다면, 누군가가 내 몫의 빚까지 감당하고 있다는 뜻이다. 한 달 치 카드사용명세서만 보아도 숨이 막히는데, 가구당 9천만 원의 빚이라니, 이 얼마나 답답한 노릇인가. 더욱이 2006년 11.8%의 부채증가율을 고점으로 2012년 5.2%까지 하락 안정 추세를 보였던 부채 증가율은 최근 3년간 다시 상승하고 있다.

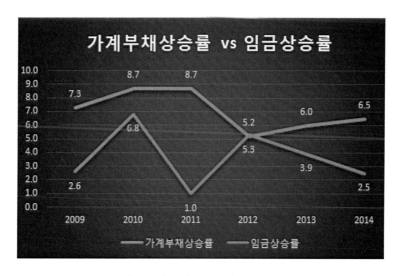

〈그림 1-1〉 자료: 한국은행 경제통계시스템

경제를 살리려면 소비를 많이 해야 한다고 정부가 아무리 재촉하고 달래고 빌어도, 임금이 상승하지 않아 쓸 돈이 없는데 어떻게 소비를 해서 기업을 살리겠나? 그래서 내놓은 정부의 솔루션이 대출받아서 소비하라는 것이다. 정확하게는 대출받아서 다 같이 집을 사면 집값이 오를 테니 돈 걱정 하지 말고 마음껏 쓰자는 말이다.

IMF 외환위기 때 사람들이 허리띠만 졸라매고, 너무 소비를 하지 않자 TV에서 공익광고로 똑똑한 소비를 장려하는 광고가 나왔다. 이것은 정부가 '기업 살리게 소비 좀 해 주세요.'라는 메시지를 그대로 광고에 담은 것이었다. 당시 우리나라는 가계저축률이 세계 2위였다. 1위는 당연히 일본이었다. TV경제 토론을 보다 보면 가끔 일본의 잃어버린 10년[7]이 20년이 된 원인으로 내수시장 부진을 야기한 '소비하지 않는 일본인'에 대해서 지적하는 전문가들이 종종 나온다. 그래서 우리나라도 가계의 소비를 촉진하지 않으면 일본처럼 잃어버린 20년이 된다고 경고한다. 비정규직에 고용불안, 형편없는 최저임금으로 생활을 꾸려가는 우리나라의 가계가 제대로 된 소비 활동이 가능이나 할까?

정부는 유연성 있는-필요할 때만 쓰고 잘라버리면 되는-노동시장과 한 시간 일하는 대가로 브랜드커피 한 잔 값만 주면 쓸 수 있는 값싼 노동력을 법으로 보장해주었다. 기업에게 온갖 특혜를 주면서 또 '국민들 세금으로 어떻게 하면 더 특혜를 줄까?'를 고민하고 있는

---

7) 1991년부터 2000년까지 일본의 극심한 장기침체 기간.

정부가 가계에 소비하라고 재촉하는 것은 이치에 맞는 것일까?

소비할 수 있는 여건을 만들어주고 소비를 하라고 해도 모자랄 판에 기업에게 특혜만 갖다 주고 할일 다 한 듯이 방관하는 모습이다. 기업이 살아나면 비정규직, 임금 수준 등의 문제를 자발적으로 개선해준다는 '적선'의 논리로 국민을 설득하는 것은 이제 그만해도 되지 않을까?

기업이나 자본가의 이윤이 늘어나면 저소득층까지 골고루 잘 살 수 있다는 낙수효과[8] 논리로 이 모든 것들을 합리화하는 것은 너무 고루한 생각이다. 물론 미국식 자본주의에 찌들어 있는 나라들은 아직도 낙수효과를 종교처럼 떠받들고 있다. 우리나라도 마찬가지다. 보수주의 경제학자들이 침 튀겨가며 외치는 논리다. 많은 연구들과 과거의 경험에서 낙수효과가 존재하기 힘들다는 것을 증명했음에도 불구하고, 그들은 낙수효과를 믿어야만 한다. 그래야 국민의 세금으로 기업에게 특혜를 주고, 자본가의 세금부담을 줄일 수 있기 때문이다.

'가계가 소비를 해주면 기업이 이익을 내고, 그러면 기업은 일자리를 더 많이 만들 것이다?' 이는 잘못된 논리이다. 우리나라의 대기업

---

8) 정부가 투자 증대를 통해 대기업과 부유층의 부(富)를 먼저 늘려주면 중소기업과 저소득층에게 혜택이 돌아감은 물론, 이것이 결국 총체적인 국가의 경기를 자극해 경제발전과 국민복지가 향상된다는 이론이다. 미국의 제41대 대통령인 부시가 재임 중이던 1989년부터 1992년까지 채택한 경제정책이다. 원래 trickle-down은 "흘러내린 물이 바닥을 적신다."는 뜻으로 trickle-down effect는 적하(滴下)효과, 하방침투 효과라고도 한다.

들이 임금이 싼 나라에서 공장을 짓고 있는 것은 누구나 아는 사실이다.

늘어나지도 않을 일자리를 인질 삼아 소비를 강요하는 정부와 기업의 논리가 상품을 강매하다시피 떠넘기고 그렇게 팔아 받은 대금으로 다이아몬드 계급에 수당을 지급하는 다단계 피라미드 회사와 무엇이 다른가. 대기업들에게 경기가 살아났을 때 값싼 외국 노동력 대신 정규직 직원 채용을 최우선으로 고려하는 경영을 기대할 수 있을까? 경기를 살리기 위해 소비를 해준 국민들을 위해서 손해를 보더라도 월급을 올려주고 정규직 직원을 많이 뽑자? 아마 일부에 국한될 수밖에 없을 것이다.

〈불황 10년〉이라는 책에서 우석훈 저자는 일본이 불황 가운데 살아남을 수 있었던 이유는 가계가 절약하고 저축하여 무너지지 않고 버텼기 때문이었다고 주장한다. 필자도 격하게 동의하는 부분이다. 정부가 아무것도 해줄 수 없는 상황에서 가계는 생존을 위해 절약하고, 저축해야 한다. 그 이유는 우리나라 정부의 가계 지원은 일본과 마찬가지로 무책임하게 돈 빌려 주는 것밖에 없기 때문이다. 빚내서 소비를 늘린 가계들이 내수경기를 살려서 기업 이윤이 늘었다고 치자. 가장의 월급은 그대로이고 자식들은 실업자 신세를 면치 못해 가계 경제가 한계에 도달하고 파산한다면 그 책임은 고스란히 갚을 돈 없이 대출한 가계의 몫이다.

믿을 수 없는 정부와 탐욕으로 가득 찬 기업 때문에 가계는 늘 생활비를 걱정하고, 노후를 걱정하며, 자녀들의 교육을 걱정한다. 늘 걱정 속에서 살다 보니 스스로의 해결책으로 재테크에 손을 대기 시작한다. 이런 상황에서 정부는 "그런 거 하지 않아도 당신의 노후는 정부가 책임집니다. 걱정하지 마세요!"라는 말은 하지 않고, 오히려 그것을 권장하고 금융권 배불리기에 혈안이 되어 있으니 재무컨설팅으로 먹고 사는 필자이지만, 허무함이 밀려올 때가 종종 있다. 종자돈 불리기가 아닌 생계비를 걸고 가계의 미래를 위해 주식이나 펀드, 보험 등에 빚까지 내서 투자하고, 그 리스크 또한 본인이 감당해야 하는 상황이다. 인생을 건 도박판에서 아슬아슬한 줄타기를 해야 하는 사람이 늘어가고 있는 이 상황이 매우 안타깝다. 투자가 무조건 나쁘다는 것은 아니지만 그 도를 넘은 상황이 걱정스럽다는 것이다.

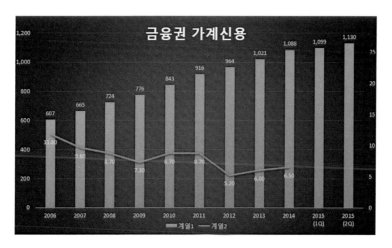

〈그림 1-2〉 자료: 한국은행 경제통계시스템

〈그림 1-2〉의 가계신용잔액을 보면, 2006년부터 현재까지 가계신

용잔액이 500조 원이 넘게 늘었다. 거의 두 배에 가까운 규모의 기계대출이다. 2016년에는 충분히 1,200조 원을 넘겨 10년 만에 두 배가 넘는 부채가 될 것으로 예상된다. 특히 가계부채 전년대비 증감률을 보면 2006년~2009년까지 꾸준히 가계대출 증가율이 감소하다가 MB정부로 바뀌면서 경제 살리기 일환으로 부동산과 금리인하, 감세정책이 쏟아져 나왔고 이는 곧 가계대출 증가율의 상승으로 이어졌다.

부동산 자산가격 상승 정책이 왜 서민경제 살리기의 핵심이 되었는지 잘 모르겠다. 하지만 이십 여 차례의 크고 작은 MB정부 부동산 정책에 대한 시장 반응은 싸늘하여 정책효과가 3개월 이상 가는 경우가 드물었다.

이는 오히려 가계대출로 인한 하우스푸어[9]가 증가하게 하는 역효과만 낳았다. 정책효과에 대한 기대감으로 정부를 믿고 집을 샀지만 얼마 못 가서 다시 하락하는 모습을 반복했고 일부지역을 제외하고 대부분 손실을 입게 되었다.

MB정부 17차례, 박근혜 정부 8차례의 부동산 정책 발표 시기에 실거래가 지수[10]의 변동을 살펴보면, 정책발표로 인한 부동산 실거래가의 상승 추세는 길어야 3개월, 그 후에는 힘을 잃고 다시 하락하는 모습을 보였다. 신중하게 검토하고 또 검토하여 발표되어야 할

---

9) house poor, '집을 가진 가난한 사람'을 뜻하는 용어.

10) 2006년 1월 실시된 부동산 실거래가 신고제에 따라 실제 거래된 가격을 국토교통부에서 집계하여 발표하는 지수.

정책을 분기에 한번 꼴로 쏟아내는 정부의 모습에 그 초조함이 묻어날 정도다.

많은 고민과 토론을 통해 핵심 원인을 찾아서 치료하기보다는 규제 완화만 하면 투기로 돌아설 것이라는 한 가지 목표만 보고 만든 정책을 어떻게 국민들 앞에 그렇게 자신만만하게 내놓을 수 있는지 도통 이해가 가지 않는다. 최근 박근혜 정부 들어 부동산 가격이 소폭 상승하고 있긴 하지만 파격적인 금리인하와 대출 정책에 비해서는 부동산 상승속도는 더딘 편이다. 그마저 더 이상 금리를 내릴 수 없게 되거나, 가계부채가 한계에 도달한다면 어떤 양상을 보일지는 뻔하지 않은가.

현 집권 정부의 경기부양정책에 따라 가계부채는 절묘하게 맞아떨어지는 증가세를 나타내고 있으니 경기부양정책이 아니라 가계부채 부양정책이라고 해야 성공한 정책으로 평가받지 않을까.

가계부채는
고삐 풀린 망아지

가계부채가 1,000조 원을 넘어선 것도 문제지만 부채 증가 속도가 빨라지고 있다는 것이 더 문제다. 가계부채 증가율은 단리가 아니라 복리로 늘어난다는 것에 유의하여야 한다. 쉽게 말해서 2013년도에 6% 올랐고, 2014년도에는 6.6% 올랐으니 6% + 6.6% = 12.6% 상승했다고 생각할 수 있으나 실제는 12.86% 올랐다. 1,000조의 0.26%, 즉 2조6000억 원이 더 증가한 셈이다. 지금은 2년밖에 계산하지 않아서 복리효과가 크지 않다고 생각할 수 있지만 기간이 길어질수록 그 금액 차는 더욱 커질 것이다.

또한 가계부채가 증가한다는 말과 가계부채증가율이 상승한다는 말은 차원이 다른 문제다. 가계부채증가율은 가계부채증가함수의 기울기이고, 증가율이 3년째 상승 중이라는 것은 3년 동안 기울기가 더 가파르게 변하고 있다는 뜻이다. 따라서 가계부채증가율이 상승하면 가계부채는 기하급수적으로 팽창한다.

지금 이 상태로 간다면 올해는 작년보다 더 빠르게 부채가 증가할 것이고, 올해보다는 내년이 더 빠를 것이다. 신용카드 돌려막기를 해보신 분들이라면 이해가 쉬울 것이다. 빌린 돈으로 빌린 돈을 갚고, 이자에 이자가 붙으면 지수함수곡선[11]으로 증가하는 빚을 목격하게 될 것이다!

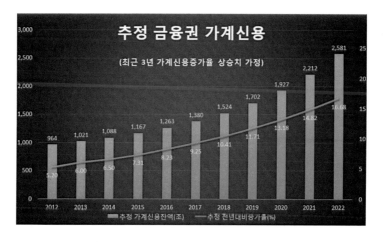

〈그림 1-3〉 자료: 한국은행 통계를 바탕으로 자체 추정

박근혜 정부 집권 이후의 가계신용잔액은 연평균 12.5% 증가 추이를 나타냈다. 〈그림 1-3〉는 향후 차기정권까지 현 정책기조를 유지하며, 증가 추이가 일정할 것으로 가정한 경우의 가계신용잔액의 추정치이다. 현 정권 말인 2017년에는 1,380조 원, 차기정권의 정권

---

11) 지수함수는 처음에는 증가율이 적다가 나중에는 증가율이 폭발적으로 커진다. 복리이자에서 원리합계는 지수함수 형태로 늘어난다.

말인 2022년에는 2,581조 원으로 기하급수적으로 증가함을 알 수 있다.

2018년도에는 현재 한국의 총 GDP[12]를 초과하는 부채규모를 기록할 것이며, OECD[13]가 집계한 한국의 최근 10년간 가처분소득[14] 증가율 2.8%를 가정하면 2022년에는 가처분소득대비 부채비율이 270%에 달힌다.

그리고 이미 2015년 2분기 가계부채는 1,130조 원으로 2015년 말까지 예상했던 7.31% 증가한 1,167조 원의 반이 넘는 3.9%의 증가율을 기록하고 있다. 예상치보다 빠른 증가 추세를 보이고 있는 것이다. 결국 길게 보아도 향후 10년 이내에 국가적 위기에 도달할 가능성이 높으므로 경계심을 가지고 추이를 지켜봐야 한다는 시각이 많아지고 있다.

---

12) Gross Domestic Product, '국내총생산'을 뜻하며 국내에서 이루어진 생산 활동을 모두 포함하는 개념.

13) 경제협력개발기구, 우리나라를 포함한 34개국이 가입됨.

14) 총 소득에서 세금과 4대 보험료 등의 비소비 지출을 제외한 금액으로 임의로 소비나 저축을 할 수 있는 부분.

'가계부채 7대 취약국'
먹는 국인가?

    맥킨지의 연구조사기관인 맥킨지글로벌연구소(MGI)의 리처드 돕스 디렉터는 최근 한 매체와의 인터뷰에서 한국은 MGI가 표본조사를 한 국가 중 2008년 글로벌 금융위기 이후 소득 대비 가계부채가 가장 크게 증가한 편에 속한다고 밝혔다. MGI는 지난 2월 발표한 '부채와 (많지 않은) 디레버리징[15]"이라는 제목의 보고서에서 한국을 네덜란드, 캐나다, 스웨덴 등의 나라와 함께 '가계부채 7대 취약국' 중 한 곳으로 지목했다. 우리나라는 다른 나라에 비해 얼마나 부채가 많을까? 〈그림 1-4〉에서 OECD 주요국의 처분가능소득 대비 가계부채비율을 보자.

---

15) 디레버리징: 부채 축소. 레버리지(Leverage)의 반대말.

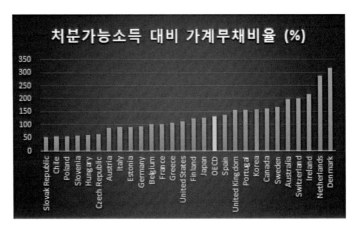

<그림 1-4> 자료: OECD.Stat, 2012

한국은 조사대상 27개국 중 8번째로 부채비율이 높다. 여기서 가
처분소득이란 연 소득에서 세금을 제외한 나머지로 실제로 쓸 수
있는 돈이다. 이 가처분소득대비 가계부채비율이 160%나 된다는 말
은 1년에 벌어서 쓸 수 있는 돈이 5,000만 원(세금을 제외한 가처분소득)
일 경우 부채는 8,000만 원이라는 것이다. OECD평균인 132%에 비
해 높은 편이다.

한국보다 부채비율이 높은 나라를 보면, 대부분 복지가 잘되어 있
다고 알려져 있는 북유럽 국가이다. 그리 걱정할 만한 나라들이 아
니라는 것이다. 노후 연금이 확실하게 보장되어 있고, 육아부터 교
육, 의료, 실업 등의 복지가 매우 잘되고 있기 때문에 이들은 저축률
이 낮고 소비율이 높은 특성을 지닌다. 복지가 사회의 소비를 높이
고, 경제가 잘 돌아가게 하는 좋은 예이다. 우리나라의 복지 수준을
고려하면 8위는 매우 위험한 순위다.

실제로 스페인 포르투갈, 그리스 등 우리나라보다 가처분소득대비 부채비율이 낮은 나라들도 지금 현실적으로 매우 큰 어려움을 겪고 있다. 개별적으로는 여러 가지 이유가 있지만, 그 중 가계부채로 인한 원인도 큰 비중을 차지한다. 결론적으로 지금 우리나라의 가처분소득대비 부채비율은 OECD 회원국과 비교해도 상당히 높은 편으로 MGI의 가계부채 7대 취약국 지정은 설득력 있는 지적이다.

가계부채의 근본적인 해결을 위해서는 다소 수학적인 지식이 필요하다.

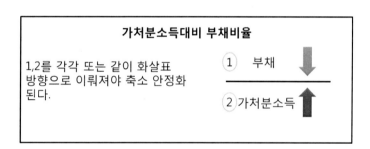

초등학교 4학년 수학 교과서에는 분수에서 분모가 커질수록, 분자는 작아질수록 분수의 값은 작아진다고 나온다. 즉 가처분소득을 높이거나, 부채를 줄이거나, 둘 다를 동시에 추구해야 한다, 그러나 최근 분모인 가처분소득 증가세는 둔화되고 있다. 대기업 순이익과 사내유보금[16]은 꾸준히 증가하는 반면, 근로자 임금상승률은 물

---

16) 기업이 순이익 가운데 세금이나 배당금, 임원상여금 등으로 외부에 유출되는 부분을 제외하고 기업 안에 적립되는 금액.

가상승률 수준 이하에 그치거나 동결하는 경우도 심심치 않게 볼 수 있다. 게다가 분자인 부채 측면에서도 부채를 줄이려는 노력보다는 금리 인하나 대출규제 완화 등으로 오히려 부채 상승을 정부가 나서서 장려하는 모습이다. 분수의 값을 줄이는 방법이 너무 고차원적인 수학 지식이었던 것일까?

부채를 줄이고 소득을 늘리는 근본적인 해결책과 정반대로 가는 경제 정책을 멈추지 않는다면, 결국 연체율 증가로 나타날 것이다. 특히 저소득층과 자영업자들에게는 큰 타격이 될 것이다. 저소득층과 자영업자들의 채무불이행을 시작으로 손실흡수여력[17]이 낮은 금융기관-부실 저축 은행 등-의 재정안정성 악화로 이어지고, 제1금융권까지 이어져 국가 전체가 심각한 상황에 당면할 가능성이 높아 보인다.

---

17) 은행이 대출금을 회수할 가능성이 없을 때의 손실을 흡수할 수 있는 여력.

아직 아무것도
시작되지 않았다

〈그림 1-5〉 자료: 통계청

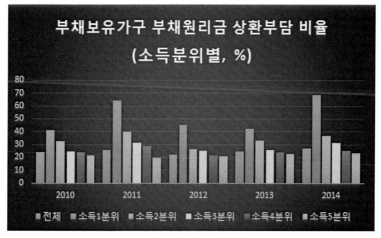

〈그림 1-6〉 자료 : 통계청

〈그림 1-5〉 전체가구 부채원리금 상환부담비율[18]를 보면 전체 가구 중 소득 1분위의 평균 부채원리금 상환부담비율은 2010년 소득의 16.2%에서 2014년 현재 소득의 21.2%로 점점 증가 추세에 있다. 특히 〈그림 1-6〉 부채보유가구 부채원리금 상환부담 비율을 보면 부채를 보유하고 있는 소득 1분위[19] 가구의 부채원리금 상환부담비율은 더욱 심각한데, 번 돈의 70% 가까이 빚을 갚는 데 쓰고 있다는 것이다. 2010년 41.2%에서 1.7배에 달하는 수치다.

소득으로 100만 원을 받는 가구라면, 70만 원으로 빚과 이자를 갚고 나머지 30만 원으로 한 달을 생활해야 하는 셈이다. 저축은 먼 나라 이야기다. 저소득층이 매우 심각한 부채 위기에 놓였다는 것을 알 수 있다. 게다가 이 속을 들여다보면 부족한 생활비와 원리금 상환비용은 생명보험 중도 인출, 중도 해지를 하거나, 제2금융권 대출과 사채까지 빌려 쓸 수밖에 없는 상황에 놓여 있다는 게 문제다. 그다음 소득 2분위 계층도 소득 1분위만큼은 아니지만 37%가량의 돈을 빚 갚는 데 쓰고 있다.

지금 가계부채 문제는 특히 저소득층의 경우 심각한 수준마저 넘어섰다는 것이 문제이며, 이는 시간이 지나면 자연스럽게 회복되는 수준이 아니다. 국가 경제 전체의 악순환의 고리로 이어질 수밖에 없다는 것이 정부의 인식 재고와 정책적 접근을 촉구하는 이유이다.

---

18) 가처분소득에서 대출의 원금과 이자 상환에 쓰이는 금액이 차지하는 비율.

19) 월평균 소득이 적은 가구부터 많은 가구 순으로 일렬로 세운 뒤 소득이 적은 20%의 집단 순으로 1, 2, 3, 4, 5 분위로 구분한 것으로 계층별 소득분배상황을 살펴보는 데 유용한 지표.

<그림 1-7> 자료 : 금융감독원, 2014

　〈그림 1-7〉 은행권 상환방식별 주택담보대출 현황을 보면 은행권 전체 주택담보대출 중 원금상환이 시작된 주택담보대출은 35%에 불과하다. 만기일시상환대출[20]과 원금 상환이 시작되지 않은 대출의 비중이 전체의 65%를 차지한다. 대부분의 대출이 현재 거치중이고 이자만 내고 있다는 뜻이다.

　원금 상환이 시작된 대출이 전체의 3분의 1밖에 안 되는 상황에서 한계에 다다른 저소득 계층의 상황을 봤을 때, 거치기간[21]이 종료되고 원금 상환이 시작되는 시기가 되면 많은 사람들의 원리금 상환부담은 매우 커질 것이다. 따라서 이는 연체율을 높이는 상황

---

20)　대출 만기 시 원금을 한 번에 갚는 방식의 대출.

21)　원금을 갚지 않고 이자만 부담하는 기간.

으로 이어질 가능성이 높음을 예고한다.

게다가 만약 부동산 담보대출로 집을 산 주택 보유자들이 부동산 가격 하락으로 이어진다면 그 충격은 매우 클 것이며, 미국의 서브프라임 모기지 사태처럼 소득 1분위 계층과 2분위 계층이 무너지기 시작하며 도미노처럼 3, 4, 5분위 계층까지 타격을 입을 것은 자명한 일이다. '나는 괜찮아!'라고 하는 분들이 계시다면 안일하게 행동하기 전에 미리 위기에 대비해야 한다고 조언하고 싶다.

소득분위별 대출 현황 통계를 좀 더 살펴보면, 통계청의 2014년 가계금융복지조사[22]의 결과, 부채를 보유한 소득 1분위 계층의 가처분소득 대비 부채비율은 524%로 부채보유가구 평균치인 208%를 크게 웃돌았다.

매우 충격적인 수치인데 2014년 소득 1분위 가구의 평균 가처분소득은 846만 원이고 부채 보유 가구의 평균 부채는 4,433만 원으로 추정된다. 〈그림 1-7〉에서 집계된 것처럼 번 돈의 68.7%를 부채 상환에 쓰고 있으므로, 1년에 580만 원씩 8년 동안 갚아야 부채가 사라진다. 단, 금리는 일정하고, 8년 동안 지금 다니는 직장에서 꾸준히 일하며 급여를 받고, 추가 대출을 받지 않는다는 가정에 한해서다.

가계부채(특히 저소득층 가계부채) 증가 추세와 고용이 매우 불안한 시

---

22) 통계청에서 실시하는 조사로 가계생활수준을 종합적으로 파악하여 재정 및 복지 관련 정책과 연구에 활용됨.

기임을 고려하면 쉽게 갚기 힘든 상황이라는 뜻이고, 조만간 파산의 길로 갈 수 있는 사람들이 많아진다는 뜻이기도 하다. 가계부채가 한국 경제에 시한폭탄이 될 것이라는 혹자들의 전망은 단순한 기우杞憂가 아니다.

가계부채 도미노 게임

미국의 서브프라임 모기지 사태를 보면, 대출을 해준 것은 금융기관이다. 따라서 가계대출 위기는 결국 금융기관의 위기로 이어진다. 먼저 서브프라임 모기지 사태가 어떤 것인지 개념을 정리할 필요가 있다.

Sub-Prime Mortgage는 미국에서 저소득층이나 신용도가 낮은 사람들에게 주택을 담보로 대출해 주는 상품이었다.

앞에 Sub-Prime은 우리나라에서 따지면 신용등급이 7등급 이하 정도의 사람들을 대상으로 한다고 할 수 있다. 미국에서는 신용등급이 크게 세 가지로 나뉘는데 최고 등급이 Prime, 중간 등급이 Alt-A, 마지막 등급이 Sub-Prime 등급이다.

그럼 미국 은행은 왜 갚지도 못할 사람들에게 돈을 빌려줬을까? 2000년대 초반 IT버블[23] 붕괴로 힘들었던 시기가 지나고 다시 호황

---

23) '닷컴버블'이라고도 하며, 1995년부터 2000년에 걸쳐 인터넷 관련 산업이 성장하면서 주식시장의 급격한 상승을 초래한 거품 경제 현상.

이 오자 증시와 부동산은 급등했다. 거의 전 세계가 올랐다고 보면 된다. 미국은 PRIME 등급과 Alt-A 등급에게 이미 많은 대출을 해주었고 더 이상 대출해 줄 고객이 없었다.

이때 눈에 들어온 고객이 마지막 등급인 서브프라임 고객이었다. 이들에게 주택담보대출을 해주고 만약 못 갚으면 담보인 주택으로 받으면 되니, 리스크는 크지 않았고, 저신용자들은 이자도 많이 받을 수 있어 은행 입장에서는 매우 좋은 수입원이 되었다. 단, 부동산 가격이 하락하지 않아야 가능한 시나리오였다.

매월 주택 렌트비를 지불하던 사람들에게 집을 사서 이자를 내는 게 더 싸다는 설득으로 저신용자도 집을 사게 되는 계기를 마련해 준 것이다. 차입자 입장에서도 집값이 계속 오르고 있으니 대출로 집을 사도, 빚을 갚고도 돈이 남는 상황을 예상한 것이다. 그래서 앞에서 언급했듯이 미국의 억만장자 가정부도 집을 다섯 채나 가지고 있었던 상황이 만들어진 것이다. 이 상황에 대해서 잘 묘사하고 있는 영화가 〈월스트리트: 머니 네버 슬립스〉이다.

2010년도에 나온 영화인데 이전 편이 1987년 작 〈월스트리트〉이다. 여기서 주인공인 찰리 쉰보다 악역 '고든 게코'를 연기한 마이클 더글라스가 더욱 인기를 끌면서 이때 MBA[24] 열풍이 불었고, 미국에서 월가 진출에 대한 로망이 생기는 웃지 못 할 일도 벌어졌다.

---

24) 경영대학원에서 경영학 이론을 습득하여 실제 상황에 적용하는 훈련을 하는 과정으로 고도의 실무적인 경영훈련을 실시하여 기업 엘리트를 배출하는 것을 목적으로 함.

악역을 보면서 닮고 싶어하는 사람이 많았다고 하니 말이다. 인기에 힘입어 '고든 게코'는 후속편인 〈월스트리트: 머니 네버 슬립스〉에도 등장한다. '고든 게코'가 1987년 〈월스트리트〉에서 한 명대사가 있는데 '탐욕은 좋은 것(Greed is good)'이다.

2010년 후속편에서는 '고든 게코'가 내부자거래로 징역형을 마친 후 강단에 서는데, 인상 깊은 메시지를 남긴다. 이것이 미국사회의 금융위기의 전과 후를 잘 설명하는 부분이라 생각된다.

월스트리트 : 머니 네버 슬립스

내가 예전에 이런 말을 했었죠. "탐욕은 좋은 것이다." 지금은 탐욕이 합법인 시대죠. 여러분, 바텐더가 은행 대출로 집을 세 채나 사는 건 탐욕 때문입니다. 여러분의 부모님이 집값을 초과하는 담보대출을 받아 쇼핑을 즐기는 것도 탐욕 때문이죠. 벽걸이 TV, 최신 휴대폰 컴퓨터, 차를 구입하고 집을 또 사기도 하죠. 왜냐면 집값은 항상 오르기만 하잖아요? 탐욕 때문에 미국 정부는 9/11사태 이후 이자율을 1%까지 낮췄고 덕분에 우린 쇼핑을 계속 했죠.

이런 용어들 들어봤을 겁니다. CMO, CDO, SIV, ABS 솔직히, 전 세계에서 한 75명쯤만이 이 용어들의 뜻을 알 거예요. 내가 가르쳐주죠. 한마디로 WMD 대량살상무기예요. 내가 감옥에 있는 동안 더 탐욕스러운 세상이 됐어요. 헤지펀드 매니저들은 연간 1억 달러를 벌죠.

그리고 은행가들은 사는 게 심심한지 원금의 50배가 넘는 뻥튀기 투자를 해요. 여러분 돈으로요. 자기들 돈이 아니죠. 그럴 힘이 있으니까요. 여러분 돈을 끌어다 투자해놓고, 설령 실패해도 책임지는 사람은 아무도 없습니다. 모두 거짓말에 현혹돼 있으니까요.

작년 한 해 미국 기업 수익의 40%가 금융 수익이었어요. 제조업이나 국민들의 삶과는 관계없는 분야죠. 사실, 우리 모두가 공범이에요. 은행과 소비자들이 폭탄 돌리기를 하고 있는 거죠. 돈에 스테로이드를 주입해놓고는 '레버리지'로 포장하지만 스테로이드 맞은 돈인 거죠.

난 금융 쪽으로 똑똑한 사람이지만 감옥 생활을 오래 해보니 거기만큼 이성적인 곳이 없더군요. 창살 사이로 외칠 수 있죠. "세상이 완전히 미쳤어!"

여러분 모두 잘 알 겁니다 금융시스템 붕괴의 주원인은 투기예요. 바로 차입채무죠. 끝없이 빌리는 겁니다. 이런 말 하긴 싫지만 그 실패한 비즈니스 모델이 전 세계에서 악용되고 있어요. 암처럼 퍼져가죠. 병을 퇴치하려면 싸워야만 합니다.

첫 번째 영화에 나왔던 '탐욕은 좋은 것'이라는 대사가 금융위기 이전의 미국 자본주의를 단적으로 표현한 것이었다면, 두 번째 영화의 위 대사는 '그래서 이 꼴이 났다'는 내용이다. 그리고 젊은 학생들에게 '너희들도 앞으로 조심해라! 힘든 세상이 될 것이다.'라는 뜻을 내포하고 있다. 서브프라임 모기지 사태가 어떻게 일어났는지 쉽게 이해하고 싶으신 분들은 이 영화를 보시길 바란다.

'고든 게코'의 말처럼 탐욕은 좋은 것이라며 월가의 은행들은 저신용자들을 그저 높은 수익을 안겨주는 대상물처럼 보았다. 언제든지 가격이 높은 부동산 담보물이 안정적으로 있었고, 여차하면 이 대출채권을 유동화[25] 해버리면 그만이라는 생각이 있었기 때문이다.

주택담보대출을 기초자산으로 하는 MBS(Mortgage Backed Securities, 주택저당증권)[26]라는 상품을 다시 파생상품으로 만들고 복잡한 금융공학을 대입하여 골드만 삭스라는 투자은행에서 이 상품을 다른 금융기관 투자자들에게 판매하면서 금융 위기의 서막을 여는 계기가 되었다. 골드만 삭스가 어떻게 금융위기에서 살아남는지를 그린 영화가 〈마진콜〉이다. 24시간 동안 어떻게 이 위기에서 벗어나는지 묘사하고 있는데, 앞서 소개한 영화 〈월스트리트〉와 함께 보면 이해하는 데 많은 도움이 될 것이다. 이 또한 탐욕에 대한 내용이다.

골드만 삭스는 저신용자 대출채권을 묶어서 다른 투자은행들에게 팔아서 위험을 줄이는 효과를 얻을 수 있다. 그 위험을 떠안은 투자은행들은 더 많은 수익을 기대할 수 있었고, 이것이 잘 돌아가는 것처럼 보였지만, 결국 저신용자의 연체는 증가했고 이는 부동산 압류

---

25) 대출채권을 묶어 3자에게 매각하여 자금을 조달하는 것.
26) 금융기관이 주택을 담보로 만기 20년 또는 30년짜리 장기대출을 해준 주택저당채권을 대상자산으로 하여 발행한 증권으로, 자산담보부증권(ABS)의 일종이다. '주택저당채권 담보부증권'이라고도 한다.

로 이어지며, 경매시장에 부동산 매물이 넘쳐나게 되어 부동산 가격 폭락에 큰 영향을 주게 되었다. 저신용자들의 연체로 인해 부동산과 부동산을 기초 자산으로 하는 파생상품이 무너지면서 도미노처럼 금융기관의 부도를 거쳐 세계 경제의 위기로까지 이어지게 되었다.

미국의 금융위기 사태에서도 알 수 있듯이 한국의 기계부채 폭탄이 터지면 그냥 저소득층만 망하고 끝나는 것이 아니다. 돈을 빌려준 은행도 위험해진다. 부산저축은행 사태[27]를 기억해보라! 제2금융권 저축은행들이 다시 무너지지 않을 것이라는 보장은 어디에도 없다. 이어서 제1금융권도 만만치 않은 상황이 될 것이다. 거기에다 불황까지 겹친다면 그 참담함은 지난 IMF 사태와는 수준이 다를 것이다. 어쩌면 이미 지금 이 시점도 IMF 사태 때보다 힘들다고 생각된다. 적어도 IMF 때 해고된 우리 아버지들은 저축한 돈이나 두둑한 퇴직금이라도 있었기 때문에 몇 년을 버틸 수 있었지만, 지금은 그리고 앞으로는 버틸 수 있는 힘도, 저축해 둔 돈도 거의 없다. 집 사고, 생활비로 쓰고, 자녀 교육비 등으로 모두 다 써버린 상태이기 때문이다. 이는 가계의 문제에서 금융권의 문제로 이어지며, 정부의 적절한 대책이 없다면 한국 경제 전체의 위기로 이어질 큰 문제인 셈이다.

---

27) 2011년 2월 부산저축은행 등 여러 상호저축은행이 집단으로 영업정지된 사건, 부동산 등 리스크가 큰 사업들에 대해 제대로 된 심사과정 없이 프로젝트 파이낸싱(PF)의 형태로 무분별하게 불법적인 대출을 제공하여 부실채권을 떠안은 것이 주된 원인.

아직은 관리 가능하다
= 곧 불가능해진다

"금리를 내린 목적이 유동성을 투입해서 경제를 돌아가게 하려는 것이기 때문에 가계부채 증가는 정책효과가 나타난 것으로 봐야 한다. 제2금융권 대출을 제1금융권 대출로 전환해서 금리 부담을 낮추고, 집값 하락이 멈추고 다시 올라오고 있는 것은 상환측면에서 좋아졌다."

　　　　　　　　　 - '2015년 경제정책방향' 최경환 경제부총리

"당분간 LTV와 DTI에 손댈 계획이 없다. 이를 다시 강화하는 방안은 검토하지 않을 것."

"당초 정부의 의도가 부동산 거래를 정상화해 서민경제 부담을 줄여주겠다는 것이었음을 감안해야 한다."

"가계부채 우려는 아직 시스템 리스크는 아닌 것으로 본다."

　　　　　　　　　 - 임종룡 금융위원장 취임 후 기자간담회

경제전문가들과 달리 정부는 한국의 가계부채 문제가 관리 가능한 수준이라고 주장한다. 그 이유는 크게 두 가지로 나뉜다.

첫째, 2014년 세 번의 금리인하 정책으로 집을 사기 위해서 대출이 늘어났다는 것이다. 즉 이것은 정책효과로 나타난 것이며 오히려 가계부채의 질이 개선된 것이라는 판단이다.

둘째, 가계의 금융자산 규모는 부재 규모보다 2배 정도 많고, 연체율이 높지 않기 때문에 관리 가능한 수준으로, 당장은 걱정하지 않아도 된다는 것이다.

이 두 가지 이유를 보면 '현재 시점'의 판단에 불과하다. 앞에서 제시한 통계 추세대로라면 당분간은 정부의 통제범위 내에 있다고 하더라도 앞으로 전개될 양상들에 대해서는 책임질 수 없는 상황이 올 것임에 틀림없다.

심각한 경제 위기의 가능성을 여당과 정부의 정치적인 이익을 위한 이유로 본질을 외면하거나 축소하는 행위는 차기 정권으로의 폭탄 돌리기로밖에 볼 수 없다.

이 정책들은 현재 한국 경제의 가장 큰 걸림돌이자 폭탄인 가계부채 문제를 해결하기 위한 정책이 아니다. 부동산 경기 부양이라는 정해져 있는 정책방향의 당위성을 주장하기 위해 당면해 있는 위기상황을 대입한 것이다. 통계수치에 대한 유리한 해석만 하려는 경향을 보면 그 의도를 알 수 있다.

1. 정말 주택 매입을 위한 대출이었나?

〈그림 1-8〉 소득분위별 담보대출 증가율 차트를 보면 담보대출 증가율이 가장 높은 소득 분위는 소득 하위 20%인 1분위가 2010년부터 2014년까지 80%에 육박하는 증가 추세를 보였다. 특히 2013년부터 2014년까지 1년간은 30%에 육박하는 증가 추세를 보여 저소득층일수록 주택담보대출을 많이 받은 것으로 나타났다.

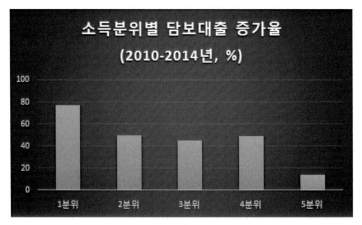

〈그림 1-8〉 자료: 통계청

반면 저소득층이 주택담보대출을 많이 받는 동안 신용대출증가율은 -60%에 육박하는 감소치를 나타냈다. 〈그림 1-9〉 소득분위별 신용대출 증가율 차트를 보면 2~5분위까지는 모두 증가추세를 나타내는데 1분위만 마이너스를 기록하는 것을 볼 수 있다. 이는 금융기관들이 저소득층에 대한 신용대출 심사를 강화한 결과이자, 담보만 있다면 신용대출에 비해 상대적으로 대출을 받기 용이한 담보대출이 해당 기간 동안 크게 늘어난 중요한 원인이 되는 것으로 보인다.

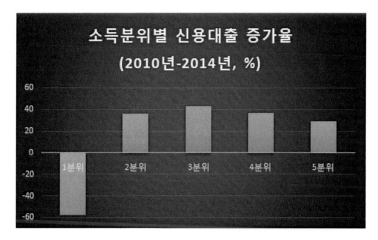

〈그림 1-9〉 자료: 통계청

특히, 지난해 하반기 이후 지속된 가계대출 급증세를 은행 담보대
출이 주도하고 있음을 감안하면, 현재 저소득층의 부채가 담보대출
을 중심으로 빠르게 늘어나고 있을 가능성이 높음을 시사한다.

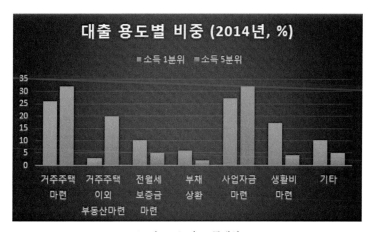

〈그림 1-10〉 자료: 통계청

〈그림 1-10〉 대출 용도별 비중 그래프를 보면 더욱 명확해진다. 소득 1분위 계층의 대출용도는 주택 마련이나 보증금 마련에 쓰인 경우가 40% 미만이고 나머지 60%는 부채를 상환하거나, 사업자금 마련, 생활비 마련 등의 용도로 쓰인 것이다. 소득 5분위 계층도 40%의 경우는 주택 마련 등에 쓰이지 않고 사업이나 생활비 자금으로 쓰였다. 결국 정부에서 주장하는 '늘어난 가계부채는 집을 사기 위해 대출을 받은 것이며, 정책의 효과로 나타난 것이다'라는 설명은 일부의 경우에 국한된 것으로 전체를 일반화 할 수 없다. 부동산 부양으로 경제를 살리려 한 정책과 달리 서민은 생계를 위해 어쩔 수 없이 눈물을 머금고 대출을 받은 것이다.

2. 금융자산 규모가 부채 규모의 2배?

정부가 관리 가능한 수준이라는 주장 중에 가계의 금융자산 규모는 부채 규모보다 2배 정도 많다는 주장은 금융자산이 많기 때문에 언제든지 부채를 갚을 수 있고, 따라서 현재의 부채 규모는 위험하지 않다는 뜻이다. 그러나 이것은 표면적인 수치일 뿐이다. 가계부채보다 2배나 많다는 금융자산의 대부분은 어느 계층의 소유일까? 예를 들어보자.

축구선수 손흥민이 연봉 100억 원을 받는다고 가정해 보자. 그리고 서울FC의 선수 10명의 평균 연봉이 1억 5천만 원이라고 가정 하자. 손흥민이 입단하는 순간 서울 FC의 평균 연봉은 1억 5천만 원에서 10억 4,545만 원이 된다. 손흥민이 들어오면서 서울FC 선수의 평균 연봉이 10배 가까이 뛰는 것이다.

금융자산이 부채보다 2배 많다는 정부의 주장도 이 경우와 비슷하다. 중산층이 얇아지고 부의 양극화가 심화되는 가운데 금융자산이 높은 소수의 자산가들이 금융자산의 평균을 끌어올린 것이다. 소수 자산가들의 금융자산이 부도 위기에 놓인 가계의 빚을 대신 갚아주기라도 한다는 말인가?

3. 보이지 않는 대출까지 합해도 통제 가능할까?

정부가 통제가능하다고 하는 2015년 6월 기준 가계대출은 1,130조 원이다. 그런데 이 부채 규모에는 포함되지 않은 숨은 부채들이 있다.

가. 자영업자의 기업대출

가장 대표적인 숨은 부채로 자영업자의 사업자대출이 기업대출에 포함되며 가계대출로 집계되지 않은 것이다. 2013년 기준 자영업자의 부채는 450조인데 그 중 245조는 가계대출로 포함되었지만 206조는 기업대출에 포함되며 가계부채에서 제외되었다.

〈그림 1-11〉 자료: 자영업 부채 규모는 2013 가계금융복지조사 참고

　그러나 자영업자의 대부분은 개인사업자이고, 개인사업자의 특성
상 사업소득은 근로소득처럼 대부분이 가정으로 유입되기 때문에
가계경제와 분리해서 판단하기 어렵다. 마찬가지로 자영업자의 대출
이 부도가 나면 대표자가 그 책임을 져야 한다.

　예를 들면 치킨집 사장님이 사업자 명의로 기업대출을 받았는데
적자로 치킨집이 폐업했고, 대출이 부도가 난다면 치킨집 사장님 소
유인 아파트는 압류될 것이다. 경영과 소유가 분리된 법인 기업의
자금과는 큰 차이가 있다. 그렇기 때문에 자영업자의 기업대출로 분
류되는 대출은 실질적으로 가계부채라고 판단하는 것이 합리적이
다. 기업부채로 분류되는 206조 원이 실제로는 가계부채의 성격을
지닌다고 한다면, 가계부채는 1,130조 원이 아니라 1,336조가 된다.

나. 대부업 부채

흔히 사채라고 부르는 대부업 부채는 등록된 대부업 부채와 불법
대부업 부채로 나눌 수 있다. 등록 대부업체는 금융감독원의 감독을
받으며 법정 이자율 등의 규정에 따라 대출을 취급한다. 금융위원회
가 발표한 2014년 상반기 대부업 실태조사에 따르면 등록 대부업체
의 부채 규모는 10.9조 원으로 집계되었디. 불법 대부업의 부채 규모
는 한국대부금융협회가 2015년 1월 추산결과에 따르면 8조 원에 이
른다고 하며 최대 12조 원에 육박할 수 있다고 한다.(〈그림 1-12〉 참고)

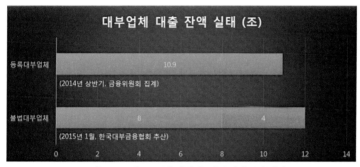

〈그림 1-12〉 자료: 금융위원회, 한국대부금융협회

〈그림 1-13〉 자료: 금융위원회, 한국대부금융협회

통계에 따르면 등록대부업체의 평균 대부금리는 연30.8%이고, 불법 대부업체의 대부금리는 법정 최고금리 34.9%를 훨씬 초과한 120%~240% 구간의 금리가 대부분이었다. 높은 금리의 대부업 대출을 받은 이유는 더 이상 금융권에서 대출을 받을 수 없는 다중채무자이거나 저신용등급 채무자이기 때문이며, 이 자금의 용도는 50% 이상이 생활자금이었다. 소득 수준의 악화가 결국 대출의 막장인 불법 대부업 대출까지 손을 뻗게 한 것이다.

비록 대부업 부채의 규모가 20조 원에 불과하지만 그 영향력은 상당하다. 만약 제1금융권 부채의 담보대출금리와 신용대출금리의 평균을 6% 정도로 가정한다면 대부업체 금리는 5배에서 20배가 넘는다. 이를 다시 부채금액으로 환산하면 대부업 대출액 20조 원의 이자부담은 제1금융권 대출로 치면 300조 원 상당의 이자부담과 맞먹는 수준이다. 〈그림 1-13〉 참고)

4. 실제 가계부채 규모와 연체율은?

정부 추산 가계부채는 1,130조 원이었는데 자영업자의 기업대출 206조 원과 대부업 대출 20조 원-살인적인 이자는 논외로 하더라도-을 합산하면 1,356조 원이 된다. 등록 대부업체 부채 규모는 2014년 1분기 기준이며, 자영업자 대출 규모는 2013년 기준이다. 이들 부채 규모의 증가속도는 금융권 가계부채의 증가속도보다 빨랐던 과거 통계치를 고려하면 2015년 현재 실제 가계부채 규모는 더 크다는 예상이 가능하다.

또한 정부가 양호하다고 판단하는 이유 중 하나인 '연체율 0.5%' 는 2015년 1분기 은행권 대출 중 담보대출 연체율 0.45%와 신용대출 연체율 0.87%의 평균인 0.57%를 의미하는 것으로 보인다. 하지만 2015년 저축은행의 평균 연체율은 10%의 높은 수준으로 0.5%의 은행권 연체율과는 큰 차이를 보인다. 저축은행, 캐피탈, 보험사 등의 금융기관부터 대부업체까지 상대적으로 금리가 높은 기관일수록 연체율이 높아지는 경향을 보인다. 결국 '연체율 0.5%'는 희망사항이자 문제의 심각성을 축소하기 위한 거짓말이다.

저소득층과 소득편차가 심한 자영업자, 비정규직 종사자 등 소득 1분위에 가까운 채무자일수록 고금리의 대출을 이용하고 있으며, 다중 채무 비율이 높고 연체율도 높다.

배운 게 도둑질이라 장교 시절에 익힌 북한군 전술에 비유하여 표현해 보자면 북한군 대표 전투 작전 중에 '침입'이라는 작전이 있다. 이는 상대방의 약한 곳에 화력을 집중하여 뚫고 들어가면서 전선을 와해하고 공격을 확대하는 전략이다. 쉽게 말하면 드릴에 깔때기 모양으로 생긴 비트(소위 말하는 '기리')를 끼우고 벽의 약한 부분을 뚫는 것과 같다. 이렇게 하면 처음에는 깔때기 모양의 앞부분이 닿으면서 작은 구멍이 생기겠지만 들어가면 들어갈수록 구멍이 커지는 형태가 된다.

지금 우리나라의 가계부채 문제는 가장 취약한 부분인 소득1분위 계층의 가구가 드릴로 공격을 당하는 양상과 같다. 이는 점차 확대되어 소득 2분위, 3분위 계층의 가구까지 공격당하는 상황이 될 것이다. 첨입에 대한 방어 전략은 뚫리고 있는 약한 곳에 좌우측 후방 부대가 지원을 하여 더 이상 확대되지 않게 강력한 협조와 지원을 하는 것이다.

하지만 좌우측 부대가 자기 부대 방어선 지키기에만 바쁘다면 이는 모두가 공멸하는 사태를 불러 올 수 있다. 그러므로 정부는 지금 '취약계층의 작은 구멍은 아직은 괜찮다'라는 말을 하기보다는 원천봉쇄하여 그 구멍을 메우는 정책을 내놓는 데 집중해야 한다.

정부가 주장하는 관리 가능한 수준이라는 근거는 전체평균치이거나 일부에 국한된 수치일 뿐이다. 보기 좋은 통계로 눈 가리고 아웅 하는 격이다.

짖어라.
나는 내 갈 길을 가련다

주택대출 LTV, DTI 개선방안		현행 기준		개선안
		은행, 보험	비 은행권	전 금융권
LTV (담보가치 인정비율)	수도권	50~70%	60~85%	70%
	기타	60~70%	70~85%	
DTI (총부채 상환비율)	서울	50%	50~55%	60%
	경기, 인천	60%	60~65	

〈그림 1-14〉 자료: 기획재정부

안타깝게도 부동산 담보대출 규모는 나날이 늘어나고 있고, 규제를 완화하는 정책도 지속적으로 나오고 있다. 위의 표는 작년 여름에 내놓았던 규제 완화 정책이다. 이 정책의 핵심인 LTV와 DTI가 무엇인지부터 알아보자.

LTV (Loan To Value Ratio : 담보가치 인정비율)

은행이 주택, 상가, 빌딩 등을 담보로 잡고 돈을 빌려줄 때 담보 물건의 실제 가치 대비 대출금액 비율을 뜻한다. 만약, 주택담보대출비율이 70%이고, 3억짜리 주택을 담보로 돈을 빌리고자 한다면 빌릴 수 있는 최대금액은 2억 1천만 원(3억 원×0.7)이 된다.

DTI (Debt To Income : 총부채상환비율)

총소득에서 부채의 연간 원리금 상환액이 차지하는 비율을 말한다. 금융기관들이 대출금액을 산정할 때 대출자의 상환능력을 검증하기 위하여 활용하는 개인신용평가시스템(CSS: Credit Scoring System)과 비슷한 개념이다. 예를 들면, 연간 소득이 5,000만 원이고 DTI를 60%로 설정할 경우에 총 부채의 연간 원리금 상환액이 3,000만 원을 초과하지 않도록 대출 규모를 제한하는 것이다.

〈그림 1-15〉의 주택대출 개선방안을 보면 LTV는 수도권에서 은행과 보험회사가 담보가치 대비 대출가능금액 비율이 50~70%가 기준이었는데 개선안은 최대치인 70%로 확정지었다. 집값의 70%까지는 대출이 가능하다는 것이다. 또한 원래는 50%였던 DIT 서울 규제 기준을 60%로 통일해버렸다.

결국 LTV, DTI를 확대하여 더 쉽게, 더 많이 대출할 수 있도록 한 것이다. 이러니 대출이 늘어날 수밖에 없었던 것이다. 만약 집값이 3억 원인 아파트를 사면서 70% 대출을 받았다면 2억 1,000만 원을 받을 수 있다. 대출자들은 내가 얼마까지 대출이 가능한지에 대해서는 관심이 많지만, 빌린 돈을 매월 얼마를 갚아나갈 수 있는지는 큰 고민을 하지 않는 경향이 있다. 매월 소득의 60%를 대출 원리금으로 상환하는 것이 현재 가능하다 할지라도, 미래에 있을 경제적인 변화에 대비하고 안정적인 현금 흐름을 계획하는 것의 중요성은 놓치기 쉽다. 이것은 대출 상환을 위한 또 다른 대출이나 보험 해지 같은 좋지 않은 결과를 초래한다.

거듭 강조하지만 이 정책의 취지는 일단 빚을 많이 내줄 테니 집을 사라는 것이다. 부동산 경기 활성화를 위해서는 투기도 상관없으니 말이다.

제2장

#금리인상 #기승전부동산 #전세난 #떳다방

가계대출 폭탄의 뇌관
'금리'

　미국의 기준금리[28] 인상 문제가 올해 세계경제의 가장 큰 이슈 중에 하나가 될 전망이다. 미국의 기준금리 인상이 우리나라 경제에 어떤 영향을 끼치는지에 대해서 간단하게 설명하면, 기준금리가 상승하면 예금 금리와 대출 금리도 상승한다. 시장에 풀렸던 돈들이 은행으로 들어가는 현상이 벌어질 것이다. 대형 투자은행들이 미국의 싼 이자로 돈을 빌려 한국에 투자하였다면 대출금리 상승으로 인한 이자 부담을 피하기 위해 빌린 돈을 상환하려고 할 것이다. 이때 투자은행이 가지고 있는 돈은 달러가 아닌 투자한 국가의 돈인 원화이기 때문에 빌린 돈을 갚기 위해 원화를 달러로 환전하는 상황이 벌어진다. 그렇게 되면 달러를 원하는 사람들이 많아지고, 여기에 자연스럽게 통화 투자자들까지 가세해 달러의 수요가 급격히

---

28)　중앙은행에서 결정하는 정책금리로 각종 금리의 기준이 됨. 우리나라의 경우 한국은행의 금융통화위원회에서 매달 결정함.

증가한다. 때문에 달러가치 상승은 불 보듯 뻔한 일이 된다. 그러므로 한국으로 유입된 투자 자금은 달러 강세로 인한 환차손 부담이 발생한다.

미국 금리가 상승하거나 한국 금리가 하락하여 양국 간의 금리 차이가 현재보다 좁혀질수록 국내에 투자된 외국자본이 빠져나갈 가능성이 커진다. 이것이 시장의 논리이며, 경제 전문가들이 우려하는 내용이다.

이에 대해 정부와 한국은행은 어떻게 대응해야 할까? 우리나라도 기준금리를 올려 미국의 금리인상으로 인한 달러 가치의 상승을 저지할 만큼 원화 가치를 절상해야 한다. 그래야 유출되는 자본이 줄어들 것이다. 금리가 오르더라도 양국 간의 금리 차이가 좁혀지지 않도록 유지한다면 해외자금이 빠져나가는 것을 방지할 수 있다. 이것은 경험적인 현상이면서, 경제학 이론에 충실한 내용이다.

결론적으로 미국의 금리인상으로 해외자본의 유출을 막고자 하는 경제 정책이 전개된다면, 우리나라의 금리도 상승할 것이다. 이것은 가계부채가 심각한 수준에 도달해 있는 국내 경제에 큰 위험으로 작용하리라는 것이 시장의 반응이다. 이미 미국의 금리인상에 대한 선先 반영으로 국채금리 상승과 증시 하락 등의 반응이 나오고 있다. 그러나 개인적으로는 미국의 금리인상과 우리나라의 대응이 조금 다른 양상으로 전개될 수도 있다고 생각한다.(87페이지 부록 '미국의 금리인상에 관한 고찰' 참고)

필사즉사必死卽死,
죽고자 하면 죽고

저소득층의 부채상환여력은 한계에 가까워지고 있다. 〈그림 2-1〉을 보면 최근 생명보험 효력상실 해지율은 2008년부터 꾸준히 감소해 2013년 7.9%를 기록했지만, 2014년에는 전년 대비 2.3%p 오른 10.2%를 기록했고 올해 1분기는 2.5%로 전년 동기 대비 비슷한 수치다. 생명보험은 중도 해지할 경우 원금에 못 미치는 해약환급금이 지급된다는 점을 감안했을 때 최근 1~2년 사이 그만큼 절박한 자금 상황에 처한 가구가 증가했다는 것을 단적으로 보여준다. 보험업계에 따르면 신계약 건수도 최근 증가세가 둔화되어 업계 수입이 상당히 줄고 있다고 한다. 그만큼 가계의 자금여력은 한계에 도달했다고 볼 수 있다.

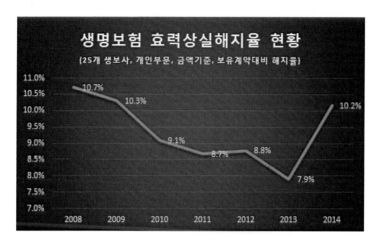

〈그림 2-1〉 자료: 생명보험협회

만약 미국의 금리인상으로 우리나라도 기준금리 인상을 결정한다면 대출금리도 인상되므로 가계부채를 보유한 가구의 부담은 더욱 커질 것이다. 정부가 추정하는 '0.5% 수준'이라는 연체율도 급속도로 늘어날 테고, 이자를 갚는 것도 힘들어 대규모 '돌려막기'의 서막이 될 가능성이 높다.

치킨 한 마리 시켜먹는 것도 부담스러울 정도로 소비도 현재 보다 위축될 것이다. 그렇게 되면 내수경기의 영향을 받는 자영업자들과 기업들은 더 힘들어진다. 기업들의 매출이 줄어들면 구조 조정으로 이어지며 실업자들도 늘어난다. 이는 또 대출 연체와 채무불이행이 늘어나는 악순환이 반복되는 결과를 초래할 것이다.

만약 금리인상으로 연체가 늘어나고, 결국 담보로 잡힌 집을 팔아서 빚을 갚아야 하는 마지막 시점까지 온 사람들이 많아진다면 부동산 시장에는 급매와 경매 물건이 넘쳐나고, 이는 부동산 가격 하락을 부추길 것이다. 부동산 가격이 폭락한다면, 재정 상태가 안정적이라는 은행들과 현재 가계대출의 70%를 차지한다는 고소득계층(소득 4,5분위 계층)이라고 하더라도 무시하지 못할 상황에 놓이게 된다.

어쨌든 미국의 금리인상이 현실화된다면 국제 경제의 시장 논리에 따라 우리나라는 금리를 올려야 하는 것이 정설이다. 하지만, 그렇게 되면 내부 사정인 가계대출 문제는 심각해진다. 앞서 설명한 것처럼 국제 경제의 시장 논리를 따르느냐, 불안정한 국내 경제를 우선순위에 두느냐 하는 선택의 문제이다. 올해 안에 미국의 금리가 인상된다면 우리나라도 양자택일을 해야 한다.

국제 경제의 시장논리를 선택하여 외국 투자자본의 유출을 막고자 한다면, 가계대출 문제가 표면으로 드러날 것이고 국민들의 삶은 더 팍팍해질 것이다. 이에 대한 분노는 정부와 정치인들에게 표출될 것이고, 이는 내년 4월 총선에서 결과로 나타날 확률이 매우 높다. 집권 정부와 여당이 대출 금리가 올라가는 것을 가만히 지켜볼 수 있을까? 재벌총수도 투표권은 한 표이고, 집과 대출 때문에 힘들어하는 서민도 한 표이다.

2015년 6월 현재 한국은행은 기준금리를 추가 인하하여 1.5% 까지 내려온 상태다. 총선을 앞둔 정치적 이해관계를 고려한다면 올해에는 금리를 동결하거나, 한두 번 정도 더 추가적으로 금리를 인하하여 1% 내지는 1% 초반 대 기준금리를 유지하여 가계 부채 문

제의 표출을 지연시키고, 연결되는 부동산 하락을 막아보려는 정책
방향이 수립되지 않을까 예상해본다.

필생즉사必生卽死,
살고자 해도 죽는다

 그렇다면 기준 금리 인하가 가계 부채 문제를 해결하는 데 도움이 될까? 나는 단호하게 '아니다'라고 말할 것이다. 가계부채의 입장에서 금리인하는 곪아 터져 피와 고름이 흐르는 상처를 소독도 하지 않은 채 반창고로 붙여 지혈만 하는 임시방편일 뿐이다.

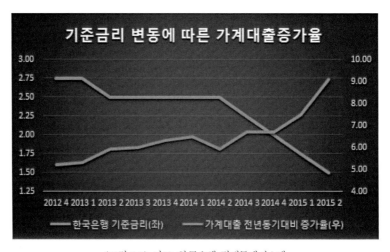

<그림 2-2> 자료: 한국은행 경제통계시스템

〈그림 2-2〉은 2012년 4분기부터 현재까지 분기별로 한국은행의 기준금리 변동에 따른 가계대출증가율을 나타낸 차트이다. 최근 3년간 기준금리가 2.75%에서 1.5%로 감소하는 동안 가계대출의 전년 동기 대비 증가율은 5.2%에서 9.1%로 증가하였다. 대출 규모로 보면 166조에 달하는 금액이다. 또한 2013년 2분기부터 2014년 1분기까지 기준금리가 2.5%로 변동이 없었던 기간에도 가계대출은 60조 가까이 증가했다.

현재와 같은 추세로 저금리 기조가 계속될 경우 가계부채의 증가속도를 제어할 수 없는 것은 삼척동자도-조금만 공부하면- 알 수 있을 것이다.

지금 금융당국은 금리를 올릴 수도, 내릴 수도, 그렇다고 가만히 두고 보기만 할 수도 없는 사면초가의 상황에 놓여있다. 올리자니 가계부채 폭탄이 폭발할 것 같고, 내리자니 가계부채가 더 승가하는 데다가 미국의 금리인상도 부담되고, 가만히 있자니 상황이 호전될 것 같지는 않다.

그렇다면 문제의 근본적인 해결책은 과연 어디에 있을까? 내로라 하는 경제 전문가들이 즐비한 금융당국은 해결책을 모르는 섯일까? 이주열 한국은행 총재가 했던 발언들을 살펴보자.

"소득 대비 가계부채 수준을 완만히 줄여나가는 동시에 취약한 가계
부채의 구조 개선에도 유의해야 한다."
"기준금리를 낮춘다는 것은 부채 증가를 어느 정도 감수한다는 뜻이

다. 가계부채 증가가 중기적으로 소비 여력을 제약하는 효과도 있다는 사실을 고려해야 한다."

"가계·기업 간 소득 불균형 완화를 도모하고 서비스업 규제 완화, 신성장 동력 산업 육성을 통해 생산성과 임금을 높여야 한다."

이주열 한국은행 총재는 현재 가계부채가 위험한 수준이라는 것과 상태는 더 나빠지고 있다는 것을 인지하고 있고, 기준금리를 내리면 더욱더 악화될 것이라는 사실도 알고 있다. 그리고 해결책으로 가계부채를 줄여나가면서 기업의 생산성을 높이고 가계와 기업 간의 소득 불균형을 완화하기 위해 임금을 높여야 한다는 것을 지적하고 있다(제1장에서 살펴본 초등학교4학년 교과서의 분자를 줄이고 분모를 늘리는 해결책과 같다!).

그렇다면 한국은행 총재의 입장은 경제 정책에 얼마나 반영되고 있을까. 최근의 관련 정책들을 다시 떠올려보자.

올해 정부는 부동산 대출규제 정책인 LTV, DTI 완화 정책을 연장했다. 부동산 담보대출을 늘려 부동산 가격을 지지하겠다는 의지의 표현이다. 하지만 모순적으로 올 7월 22일에 금융위원회가 발표한 가계부채 관리방안에서는 거치식 위주의 대출을 제한하고 상환능력 심사를 강화하는 내용의 엇박자 정책을 내놓았다. 그리고 7월 9일에 최저임금위원회는 내년 최저임금을 6,030원으로 결정했다. 노동계는 시급 1만원으로 인상하는 안을 제시했지만 받아들여지지 않았고, 결국 노동계가 불참한 상태로 표결하여 소폭 인상이 결정된 것이다. 사회적 합의가 제대로 이루어지지 않은 결정이다.

최근에 결정된 정책의 의도를 종합해보면 다음과 같이 요약할 수 있다.

대출상환 여력이 없거나 한계에 도달한 가계의 대출은 제한하고, 그래도 부동산 가격은 올려야 하니까 다소 여유가 있는 가계들은 부동산 대출규제를 완화해주면 대출을 더 받아서 일단 집을 사라. 그리고 아직 기업은 배가 고프니까 최저임금은 조금만 올려서 기업부터 살리고 보자.

이쯤 되면 경제 전문가들이 주장하는 해결책과는 정반대이지 않은가-대통령이 임명하는 한국은행 총재가 독자적인 결정을 할 수 있는 위치가 아니긴 하다-. 이것은 현 집권 정부가 친親기업, 친親기득권, 친親부동산 이라는 3대 정책우선순위에서 벗어나지 못하고 있기 때문이다.

안심전환대출

최근 이슈가 되었던 안심전환대출을 살펴보자. 이 대출은 2.6%의 고정금리 대출이라는 파격적인 금리로 크게 이슈가 되었다. 하지만 이 대출은 원리금을 같이 상환해야 하며 그 대상이 현재 주택담보대출로 어려움을 겪는 많은 사람 중에서 선택 받은 신용 좋은 소수만 혜택을 누릴 수 있었기 때문에 정작 필요한 계층에게는 언감생심이었다.

안심전환대출은 거치식 대출 위주의 가계대출의 원금 상환을 앞당겨 가계대출 위험성을 낮추려는 의도도 있었다고 평가받았지만, 전환 규모가 전체 대출의 4%에도 미치지 못했을 뿐더러, 취약계층인 저신용자와 원금상환능력이 없는 대출자에게는 해당되지 않는 정책이었으므로, 이 안심전환대출은 정부의 이미지쇄신을 위한 쇼에 불과하다. 아직도 가계부채로 인한 위기는 그대로 존재한다.

저금리, 은행과 서민
모두에게 악재일 수도

　서민들에게 대출은 필요악이다. 저축한 돈은 많지 않고 쓸 데는 많은 상황에서 대출은 효과적인 자산 증식의 수단이 될 수도 있지만 잘못된 대출은 가계 경제를 악화시키기도 하기 때문이다. 어쩔 수 없이 해야 하는 대출이라면 금리에 대해 정확히 이해하고 조금이라도 부담을 줄이려는 노력이 필요하다.

　2012년도부터 고객들의 대출 관련 상담이 많았다. 이때 금리 변동 상황을 고려하여 고객들에게 변동금리[29]를 추천하면 고객들은 항상 '은행에서는 고정금리[30]를 추천한다.'는 이야기를 했다. 금리가 떨어지는 상황이라면 대출받는 사람 입장에선 고정금리보다 변동금리가 훨씬 유리하다. 그런데 은행은 왜 고정 금리를 하라고 추천, 혹은 적극 추천(반 강요)하는 것일까? 간단하다. 변동금리의 경우 금리

---

29)　가입기간 중 이자율이 계속 변동되어 적용.
30)　시중금리가 변동하더라도 미리 약정된 금리를 유지하는 것.

하락 시 은행의 실질적인 밥줄인 예대마진[31]이 계속 줄어들기 때문이다.

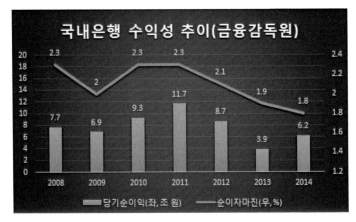

〈그림 2-3〉 자료: 금융감독원

〈그림 2-3〉에서 알 수 있듯이 은행의 순이자마진[32]율은 2008년을 시작으로 계속해서 하락세를 이어가고 있다. 2009년 순이자마진율이 잠깐 동안 상승한 것은 은행의 구조조정에 따른 것인데 그 효과가 오래 지속되지 못하고 다시 2011년부터 꾸준히 하락하고 있다. 은행의 순이자마진율의 하락은 우리나라 주택담보대출의 70% 이상

---

31) 예대마진은 대출금리(대출 받은 고객이 은행에 내야 하는 이자)에서 예금금리(은행이 예금주인 고객들에게 주어야 하는 이자)를 뺀 값.

32) 순이자마진은 원화는 물론 외화, 유가증권 운용 마진 등을 포함한 전체 이자부문 수익에서 조달비용을 차감하여 운용자산 총액으로 나눈 수치로 예대마진보다 넓은 범위에서의 수익성의 지표.

이 변동금리인 것과 관련이 있다. 앞서 이야기한 바와 같이 경기 악화 시 정부가 가장 먼저 시행하는 정책이 저금리 정책이기 때문에 계속되는 경제 악화로 금리는 낮아질 대로 낮아지고 있다. 금리가 내려갔으니 변동금리를 적용한 대출 금리 또한 낮아지는 것이다. 만약 은행이 고정금리 비중을 높였다면 금리 하락 시 이렇게 순이익 마진율이 낮아지지는 않았을 것이다.

그럼 저금리로 인해 은행의 이익이 줄었으니 대출 받는 서민들에겐 이익일까? 절대 그렇지 않다. 물론 이미 대출을 받은 상황이라면 금리가 낮아지니 부담이 훨씬 줄어드는 것은 사실이다. 그러나 대출은 어쨌든 빚이다. 저금리라는 유혹에 빠져 대출을 쉽게 생각하다가는 평생 빚 속에서 살아야 할 수 있다. MB정부 때부터 정부의 부동산 정책은 한결같이 저금리와 부동산 규제 완화 정책이었다. 은행을 압박하면서까지 정부가 금리를 낮춘 것은 '어떻게든 대출을 싸게, 그리고 많이 해줄 테니 집을 사라'는 유혹이었다. 결과적으로 이것은 은행과 서민 모두를 수렁에 빠뜨렸다. 저금리로 인해 은행은 이익이 줄고 서민은 감당이 안 되게 빚이 늘었으니 말이다.

앞서 이야기한 것처럼 대출은 어쨌든 빚이니 경계하고 조심해야 한다. 그러나 불가피하게 대출을 해야 하는 분들이 있다면 변동금리로 대출을 할 것인지 고정금리로 대출을 할 것인지를 현명하게 잘 선택해야 한다. 기준금리가 1%대로 낮아진 이 시점에 선뜻 변동금리를 선택하기에는 망설여지는 면이 있다. 하지만 내년 4월 총선은 여당과 정부에 매우 중요한 선거이기 때문에 과다한 대출로 힘들어하는 서민을 좀 더 달래주는 전략으로 갈 수밖에 없을 것이다. 최근 세월호 사건과 6월의 이슈인 메르스 사건 등 정부의 무능을 여실히 보여주는 사건들로 정부를 못 믿겠다는 인식이 팽배해 있는 것도 정부가 금리를 올리는 데 상당한 부담으로 작용할 것이다.

집을 사라는 정책을 쓰고 있는데 다시 대출을 줄이라는 정책으로 변하면 현재 정부를 믿고 집을 산 사람들에게는 배신자로 찍힐 수 있기 때문이다.

또한 정부의 저금리 정책에 은행들은 큰 위기를 겪고 있다. 어쨌든 은행이 이렇게 힘들어지면 은행 부실 이슈가 나올 수 있고, 최악의 상황에서는 뱅크런 사태가 발생할 수도 있다.

특히 저축은행 사태는 여러 번 있었다. 앞으로도 2~3년 이내에 터질 확률이 높아 보인다. 이유는 프로젝트 파이낸싱[33](Project Financing)이 최근 2~3년간 높아지고 있기 때문이다. 저축은행의 부실로 인해 예금자들이 큰 피해를 입은 것은 누구나 잘 아는 사실이다. 예·적금 금리가 높다고 해서 저축은행을 활용하기보다는 안전한 은행을 선택하는 것이 좋을 수 있다는 것도 참고 했으면 한다.

---

33) 금융기관이 대출받는 기업의 자산이나 신용이 아닌 당해 사업의 수익성과 사업에서 유입될 현금을 담보로 필요한 자금을 대출해 주고 사업진행 중에 유입되는 현금으로 원리금을 상환받는 금융기법으로 비교적 리스크가 크다.

미국의 금리인상에 관한 고찰

금융위기 입구전략 양적완화와 출구전략 금리인상

신문기사에서 출구전략이라는 단어를 많이 접했을 것이다. 출구전략의 반대말이 입구전략이다. 금융위기가 발생하자 현재까지의 금융정책으로는 도저히 감당이 되지 않아서 이에 대한 대응책으로 금리인하와 양적완화를 내놓았다. 쉽게 말해서 금융위기라는 불이 너무 거세어 정상적인 방식으로 끌 수 없는 상태가 되어 일시적으로 비정상적인 방식이 도입된 것이 양적완화이며 이것의 시작이 입구전략이라고 한다. 반대로 금융위기라는 불이 진압되면서 더 이상 양적완화라는 도구를 쓰지 않아도 되는 상태가 되었을 때 입구전략 때 썼던 비정상적인 도구를 거둬들이고 정상화하는 것을 출구전략이라고 한다. 이는 양적완화를 종료하고 0%가까이 내렸던 저금리 상태를 다시 정상화된 금리 상태로 돌려놓는 것을 말한다.

미국의 금리인상 이슈는 2011년부터 꾸준히 제기되어 왔지만, 투자자들은 아직 회복이 덜 된 것이 아니냐는 반응이 나오면서 계속 연기되었다. 원래 양적완화라는 것이 QE라고 해서 단발적인 조치로 계획되었지만, 경제회복이 더뎌지고, 불안감이 지속되자 뒤에 1, 2, 3이 붙었다. 즉 양적완화는 애초부터 시리즈가 아니었다는 뜻이다. 다시 말해서 양적완화가 끝나고 나서도 효과가 없으면 추가로 돈을 더 풀겠다는 얘기로 시장을 달래다 보니 QE1, QE2, QE3까지 온 것이다. 스파이더맨이나 슈퍼맨은 흥행하면서 시리즈가 나오지만 양적완화[34]는 흥행 실패로 효과가 없어서 경제가 어려움을 넘어 심리적으로 불안한 상태라는 판단이 들 때 시리즈로 나타났다.

연방준비위원회 의장이던 벤 버냉키가 2013년 6월 19일 FOMC에서 회의 후 가진 기자회견에서 경제성장이 예상대로 지속된다면 양적완화를 축소해 나가고, 2014년 중반이 넘어서면 양적완화를 중단하겠다는

---

34) QE(Quantitative Easing) 양적완화는 금융위기로 인해 이를 극복하기 위한 정상적인 방법으로 기준금리를 인하하는데, 더 이상 금리 인하만으로는 효과가 없을 때 경기를 부양하는 비정상적인 방법이다. 그 방법은 쉽게 말해 돈을 찍어서 시장에 돈을 푸는 것이다. 구체적으로 양적완화를 하는 방식은 Fed(미 연방준비위원회)가 돈을 찍어내서 시장에 있는 미국채들을 사들인다. 시장에 풀려 있던 채권은 회수되고 돈은 시장에 풀리는 현상이 나타난다. 좀 더 쉽게 말하면 지금 당장 위기에 있는 주 정부가 어려움에 처해 있다면 주정부가 채권을 발행해도 투자자들은 사지 않을 것이다. 이때 미국 정부가 나서서 이 채권을 사줌으로써 주 정부는 돈이 들어오게 되고, 이 돈으로 여러 사업을 펼치며 시장에 돈이 돌게 하는 것이다. 그리고 이렇게 미국 정부가 채권을 사주게 되면 투자자 입장에서 주 정부의 채권은 더 이상 불안하다는 생각이 들지 않는다. 이유는 미 연방준비위원회가 뒤에서 보증하고 있다는 의미이기 때문이다. 그렇게 되면 떨어지던 채권가격이 오르고 신용이 좋지 않아 금리가 높았던 주 정부 채권금리는 안정화되면서 금리가 내려가며 매력적인 투자처가 되는 것이다. 대표적으로 채권 중에 가장 불량했던 상품이 모기지 채권이었는데 이를 계속해서 사주면서 건전한 채권이 되었고, 가격이 오르는 우량한 채권으로 거듭나며 이 모기지 채권의 담보인 주택도 건전해졌다. 그래서 미국은 부동산 투자도 살아나며 금융 위기 때 폭락한 부동산 가격을 어느 정도 끌어올리게 되었다. 또한 시중에 돈이 많이 풀린 미국은 이 돈을 가지고 전 세계에 투자를 하였고, 금융위기로 폭락했던 나라들의 증시를 사들이며 전 세계 증시도 견인하는 역할을 하였다. 1차 양적완화는 2009년부터 2010년까지 실시했고, 2차는 2011년까지, 3차 양적완화는 2012년부터 2014년까지 실시했다.

계획을 발표하자 미 증시뿐만 아니라 전 세계 증시가 폭락하는 사태가 일어났고, 채권금리 또한 급등하는 상황이 벌어졌다.

양적완화는 중독성이 있는 약물과 같아서 금단현상이 나타나지 않도록 조금씩 약을 줄이고, 정상화로 가기 위해 시장을 안심시키고 천천히 적응해 나가도록 해야 하는데 버냉키의 발언이 투자자 입장에서는 급해 보였던 것이다. 그래서 너 나 할 것 없이 시장에서 빠져나가려고 투자자산을 매도하였고, 병목현상까지 일어나 공포감에 폭락한 것이었다.

충분히 여유 있는 시간을 두고 한 계획임에도 불구하고 투자자 판단에는 아직 약을 끊을 수 없다고 생각하여 버냉키의 양적완화 축소라는 말에 발작하는 모습을 보인 것이다. 이때 버냉키의 발언에 전 세계 증시가 폭락한 사태를 '버냉키 쇼크' 라고 불렀고, 이때 금융시장의 발작증세를 'taper tantrum' [35]이라고 한다.

2015년 현재, 더 이상 금리인상을 미룰 수 없다는 얘기가 시장에 나돌고 있다. 미국 경제가 꾸준히 좋아지는 모습의 경제지표들이 나오고 있기 때문에 금리를 정상화하는 것이 당연하다는 것이다. 그래야 다음 위기 시에 다시 한 번 이러한 정책을 쓸 수 있기 때문이다.

---

35) taper tantrum 운동선수가 큰 대회를 앞두고 컨디션 조절을 위해 이제까지 했던 무리한 양의 훈련을 줄이면서 안절부절 못한 채 발작하는 경우가 간혹 있는데, 이를 taper tantrum 이라고 한다. 원래는 의학용어라고 한다. 이것이 경제용어로 오면서 2013년 5월 양적완화 축소 의견이 나오자 시장에서 환율과 국채가격 증시가 같이 폭락하는 상황이 벌어진 것을 Taper Tantrum이라고 하였다. 쉽게 말해 발작하듯 난리가 났다는 뜻이다. 이때 신흥국, 유럽 할 것 없이 모든 증시가 폭락했는데, 이는 외국인들이 돈을 빼서 미국으로 몰리는 바람에 이렇게 된 것이다.

또한 현재까지 엄청난 돈을 시장에 공급하며 경제가 살아났다고 하는데, 이를 증명하기 위해서라도 금리를 인상해야 하는 상황이 된 것이다. 작년 시장 전망에서는 올해 초를 금리인상 시기가 될 것이라는 시각이 지배적이었지만, 결국 몇 번의 연기를 거쳐서 9월과 12월이 인상시기로 유력하다고 나왔다. 어쨌든 연준 입장에서는 올해 한번은 올려야 하는 분위기가 조성 된 것이다. 양적완화가 효과가 있나는 것을 보여주지 않으면 연방준비위원회의 신뢰를 잃기에 딱 좋은 시기이기 때문이다. 결정적으로 상반기에 올릴 것이라는 강력한 예상을 뒤엎었기 때문에 투자자들에게는 금리를 올리지 못하는 것 아닌가? 하는 의구심을 심어줬으므로 결국 하반기에도 금리인상이 되지 않으면 경제가 불안하다는 것을 확신해주는 꼴이 되고 만다. 그래서 금리를 인상한다면 결국 걱정되는 것은 테이퍼 탠트럼이다. 현재 미국의 달러가격이 상승하고, 세계증시가 불안한 것도 그 이유에서라고 할 수 있다.

하지만 만약 금리인상을 하지 않더라도 신뢰가 무너지는 상황이 발생하기 때문에 증시 상승이 거품이라고 생각한 투자자들이 과매도하는 현상이 벌어질 우려가 크다.

금리인상을 해도 테이퍼 탠트럼은 일어날 우려가 있지만, 하지 않아도 일어날 우려가 있다. 그렇기 때문에 연준 입장에서는 금리를 올리며 경제가 좋아졌다는 것을 증명해보이는 것이 훨씬 남는 장사가 아닐까? 하는 생각이 든다. 연준 입장에서 투자자들의 불안감은 줄일 수 있기 때문이다. 그러므로 필자의 생각은 오히려 금리인상 속도와 인상 목표를 낮춤으로써 발작증세 없이 정상화가 가능할 수 있다고 본다(물론 단기적인 반응은 나오겠지만 장기적으로는 회복될 것으로 보인다. 어쩌면 최근 2~3개월 동안 보이는 시장상황이 선 반영되고 있다고 본다). 여기에 연준이 어떠한 당근을 시장에 던져줄지에 따라 금리인상 부담은 줄어들 것으로 보인다.

금리인상이 세계경제에 타격을 줄 것이라는 것도 고정관념일 수 있다.

제2장에서 '가계대출의 위험을 높이는 변수'로 미국의 금리인상을 들었는데, 이는 상식적이고 교과서적인 시각으로 봤을 때 한국경제에 굉장히 위험한 변수로 고려되고 있다. 하지만 이번에는 조금 다를 수 있다는 게 필자의 생각이다. 이를 구체적으로 설명하기 위해서 미국의 금리인상에 대한 부분을 현재의 시장 상황에 맞춰 살펴볼 필요가 있다.

현재 미국의 금리인상에 대해서 경제 정상화를 위해 반드시 필요한 조치라고 이야기한다. 현재의 미국 금리는 비정상이라는 이야기이기도 하다. 그들이 말하는 '정상적인 금리'라는 것은 금융위기 이전의 금리를 뜻하며, 이는 곧 고성장 시대의 고금리를 말하는 것이기도 하다.

금리의 변동은 경제 성장률과 밀접한 관련이 있다. 경제 성장률이 상승세일 때 금리는 높게 유지된다. 만약 금리가 낮은 상태라면 금리를 인상함으로써 경제성장률과의 수준을 같게 한다. 그 이유는 금리가 낮고, 경제성장률이 높으면 낮은 이자로 대출을 더 많이 하여 투자수익을 높이려 할 것이고, 이는 버블을 양산할 수밖에 없기 때문이다. 이는 다시 대출이 증가함으로써 버블이 터지면 금융권의 리스크가 커질 우려가 있기 때문에 중앙은행은 금리를 높여 버블과 리스크를 조절하게 된다.

그렇다면 현재 미국의 경제성장률과 더 포괄적으로 세계 경제 성장률을 생각해 볼 필요가 있다. 금융위기 이전과 달리 확실히 금융위기 이후 저성장세를 보이고 있다는 뉴스를 언론에서 많이 접했을 것이다.

만약 당신이 회사의 사장이라고 하자. 사업으로 벌어들인 돈이 10억이 있는데 이 돈을 사업에 투자했을 때 매년 기대할 수 있는 순이익이 3%이고, 10년 만기 미국 국채를 샀을 때 연 수익률이 4%라고 한다면 당신은 어떤 투자를 하겠는가? 당연히 국채를 사서 편안하게 금융수익을 받을 것이다. 나라가 망하지 않는 이상 원금 손실은 없기 때문이다.

그런데 모든 사업자들이 이런 식의 투자를 한다면 경제 성장을 기대할 수 없게 된다. 이때 중앙은행이 할 수 있는 조치가 바로 금리를 낮추는 것이다. 기준금리를 낮추면 기업은 사업에 투자할 자금을 저금리로 대출할 수 있기 때문에 고용 및 설비투자가 증가하는 효과가 나타나고, 현금성 자산을 가지고 있던 금융투자자들은 금리 하락으로 인하여 예금이나 채권보다는 주식으로 투자를 하기 때문에 기업에 돈이 유입되는 상황이 된다.

반면 금리가 높더라도 그 이상의 기업이익이 발생한다면 이 또한 높은 금리에도 불구하고 기업에 투자하는 상황이 나타난다. 그러므로 한 나라의 경제 정책을 컨트롤하는 정부와 중앙은행 입장에서는 경제성장률을 관찰하면서 기준금리를 조절할 필요가 있다. 그렇지 않으면 위 상황처럼 사업가가 고용과 설비를 늘리는 투자를 하기보다 채권이자나 받으면서 사업을 포기하는 상황이 발생하여 불황을 자처할 수 있기 때문이다. 그러므로 현재 전 세계적인 추세가 저 성장, 저물가시대로 가고 있기 때문에 금리를 내려 경제성장률의 수준에 맞아야 저성장이라도 지속할 수 있게 되는 것이다.

현재 미국의 경제 성장률은 금융위기 이후 많이 회복되었지만 아직 금융위기 이전의 수준으로까지 돌아간 것은 아니다. 금융위기 이후 양적완화를 실시하며 forward guidance(선제적 안내)를 마련하여 경제지표가 목표치에 도달하면 양적완화를 끝내고, 그 이후 금리인상으로 연결되는 절차를 밟겠다고 강조했고, 이를 달성하기 위해 노력했다. 그 포워드 가이던스의 내용은 실업률이 6.5% 이내이며, 물가상승률이 2.5%(나중에 2%로 낮게 변경된다.)가 되었을 때 기준금리를 인상한다는 계획이었다.

그러나 현재 미국의 실업률은 5%대에 있지만 여전히 금리를 인상하지 않고 있다. 이유는 선제적으로 안내한 경제목표는 달성했으나 금리를 올릴 만큼의 전반적인 경제 회복은 되지 않았다는 판단이 그 이유다. 양적완화로 인해 미국의 증시와 채권 등 금융시장은 좋아졌으나, 국민 대다수의 경제여건은 금융시장만큼 좋아지지 않았다는 것이다.

미국의 경제지표를 분석해보면 정량적인 경제 성장은 어느 정도 이뤘으나 정성적인 경제성장은 매우 부족하다는 것이다. 그러므로 금리인상을 버틸만한 체력은 아직 부족하다는 것이 연준의 판단이었다. 그래서 포워드 가이던스는 폐기처분되고, 데이터 디펜던스라는 단어가 나오기 시작했다. 쉽게 말해 경제가 좋아졌다는 판단을 경제지표의 숫자로 판단하기보다는 질적인 부분을 판단하며 금리인상 시기를 결정하겠다는 뜻이다. 이는 좀 더 주관적인 느낌을 준다. 또한 미국 내의 경제 상황만 고려할 수 없는 것이 유럽과 중국등의 경제위기도 나오고 있어, 그에 따른 대외

변수도 고려해야 하기 때문에 더욱 금리인상에 신중한 것으로 판단된다. 실제로 2015년 올해 초 연준 의장 재닛 옐런은 유로존 경제문제를 지적하며 금리인상에 대해 조심스럽다는 발표를 한 적이 있다. 그러므로 미국의 경제성장률과 유로존, 중국, 일본 등 주요국들의 경제상황도 중요하다는 것이다. 역사적으로 봤을 때 미국의 금리인상 시 다른 나라에도 큰 영향을 끼친 사례는 적지 않다. 이유는 미국의 금리인상으로 인하여 해외로 나갔던 달러 캐리트레이드 자금이 일시에 미국으로 돌아오면서 캐리트레이드 자금이 흘러 들어가서 경제호황이던 나라들이 한순간에 외환위기가 오는 경우가 많았기 때문이다.

그 예로 90년대 초 동남아 IMF 위기에 이어 우리나라에도 번졌던 외환위기는 미국이 금리를 급격히 올린 후 일어났기 때문이다. 2008년 외환위기도 결국 2005년도에 시작한 금리인상 속도가 너무 빠르게 진행되면서 버블이 가라앉기보다는 터져버리는 상황이 발생한 예이다.

이 시기에 연준 의장이었던 그린스펀을 비판하는 전문가들은 2000년대 초 닷컴 버블로 인한 금리인하 조치로 미국의 경제성장률이 어느 정도 회복되었을 때 천천히 금리를 인상시키며 버블을 걷어내는 역할을 했어야 했는데, 오히려 기준금리를 더 내리며 버블을 한껏 부풀리는 데 기여하였다는 것이다. 결국 외환위기는 예상되었고, 많은 경고의 목소리가 2005년 이후 계속 나왔지만 파티에 취한 투자자들이 이들을 상황파악 못하는 얼간이쯤으로 취급하며 더 큰 버블을 만들다가 결국 터지고 만 것이다.

다시 앞으로 돌아가서 미국의 금리인상을 신중하게 결정할 수밖에 없는 이유를 아래 그림을 보며 설명해보자. 1990년대부터 2015년까지 미국의 연간 경제성장률과 기준금리 차트를 붙여 본 것이다.

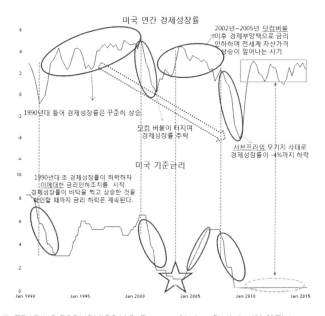

자료: TRADING ECONOMICS U.S. Bureau of Labor Statistics(위 차트) / Fed(아래 차트)

앞에서도 언급한 것과 같이 미국의 경제성장률에 따라 기준금리는 조절된다. 경제성장률이 하락하면 그에 따라 기준금리를 내린다. 기준금리가 경제성장률을 후행하는 것이다. 기준금리는 경제성장률이 바닥을 찍고 상승하는 모습이 보이더라도 어느 정도의 안정권에 들어오기 전에는 계속 인하하는 모습을 보인다. 그러다가 경제성장률이 정상적인 범주에 올라왔다고 판단되면 기준금리를 여러 차례에 걸쳐 상승시키는 모습을 볼 수 있다.

위 그림에서 별 표시 한 곳을 보면 위 차트의 경제성장률이 가파르게 오르는 것을 볼 수 있다. 이미 그 이전에 닷컴 버블의 위기를 극복하고 상승하는 모습을 볼 수 있음에도 금리를 천천히 올리기보다는 더욱 내리는 것이다. 이 때가 서브프라임 등급의 저신용자들에게 은행이 집을 담보로 대출을 해주던 시기이며, 은행 부실을 키운 계기가 되었던 시기이다. 별표 옆에 파란색 원을 보면 허겁지겁 금리를 빠르게 올리는 상황이 발생하는데 이때 미국의 저신용자들은 이자부담 때문에 은행에 집을 압류당하는 상황이 벌어졌고, 연쇄적으로 금융위기는 터지게 된다.

금융위기 이후 금리를 빠르게 내렸지만 이것만으로 해결되지 않았기 때문에 양적완화라는 비정상적인 정책을 동원하였으며, 그로 인해 마이너스 경제성장률이 다시 플러스로 전환하며 2%내외의 성장률을 보이고 있는 것이다.

위 그림 2010~2015년도 마지막 부분을 보면서 좀 더 자세히 설명하자면 금리를 올린 상태가 아닌 돈 찍어내는 비정상 조치를 끝내기만 한 것이다. 하지만 초저금리 상태를 그대로 유지함에도 불구하고 경제성장률은 2% 내외에서 움직이고 있다. 여기서 다시 금리인상이라는 카드를 꺼내들어야 하는 것이다.

금리인상은 경제성장률과 기준금리의 갭을 줄이는 것이고, 만약 2%의 경제성장률이 내려간다면 그 갭이 줄어들면서 앞에서의 사례처럼 설비투자를 증가시키기보다는 채권이나 예금으로 돈이 들어가는 경우가 발생할 가능성이 높아질 수 있다.

추가적으로 초저금리임에도 불구하고 오히려 원자재 가격이 폭락하고 저물가가 장기간 유지되는 시기에 인플레이션보다 디플레이션이 발생할 우려가 크다.[36]

연준 의장의 발언에 "고용시장의 추가적인 개선이 확인되고, 물가가 2% 목표선을 향해 올라갈 것이라는 합리적인 확신이 있을 때 금리인상을 실시하겠다." 라는 내용이 나오는 이유이다.

돈을 풀면 돈의 가치가 낮아지면서 물건 가격이 올라가는 인플레이션이 발생하는 게 교과서적인 상식이지만, 전 세계적으로 금융위기 이후 인플레이션 우려보다 디플레이션에 대한 우려가 더 많았다. 실제로 미국의 근원 물가상승률[37]은 2% 이하에서 움직이고 있는 상황이며, 전체적인 물가상승률은 0%대에서 움직이고 있다. 이는 원자재 중 농산물과 원유 등의 가격이 폭락 수준에 있기 때문이다.

---

36) 인플레이션보다 디플레이션이 더 무서운 이유는 경기가 침체하면서 소비가 줄어들어 문 닫는 공장이 많아지기 때문에 실업률이 상승하게 된다. 실업자들이 많아진다는 것은 소비할 사람이 더욱 줄어든다는 뜻이다. 공급자 입장에서는 물건이 팔리지 않으니 사람을 더 잘라야 하고, 물건은 터무니없는 가격으로 덤핑세일을 해서라도 팔아야 하는 상황이 연출된다. 이때 물건을 사야 할 소비자는 물건 가격이 더 내려갈 것이라는 기대감으로 돈을 계속 쥐고 있는 상황이된다. 이러한 악순환이 반복되는 것이다. 대표적으로 일본의 잃어버린 10년을 들 수 있다.

37) 근원 물가상승률 (core inflation)
곡물을 제외한 농산물과 원유, 가스 등 일시적인 외부 충격에 의해 급격하게 변동될 수 있는 것들을 뺀 나머지 품목의 물가 상승률로, 외부적 변수를 제외하여 소비자물가의 추세를 잘 알 수 있다는 장점이 있다.

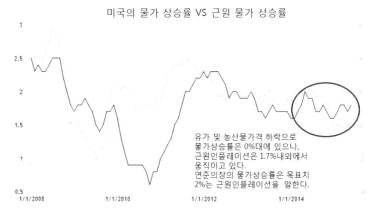

미국의 물가 상승률 VS 근원 물가 상승률

유가 및 농산물가격 하락으로
물가상승률은 0%대에 있으나,
근원인플레이션은 1.7%내외에서
움직이고 있다.
연준의장의 물가상승률은 목표치
2%는 근원인플레이션율 말한다.

자료: TRADING ECONOMICS U.S. Bureau of Labor Statistics

그렇다면 미국은 금리를 올리지 못할까?

미국이 금리를 올리는 데 신중할 수밖에 없지만 올리지 않는 것도 리스크가 크다고 앞에서 언급했다. 금리인상이 무조건 현재 시장에 충격만 주는 것일까를 생각해 볼 필요가 있다.

1. 실업률이 너무 낮아지면서 단위노동비용의 증가로 경기침체가 우려될 때 금리인상이 필요하다.

여기서 단위노동비용은 물건 한 단위를 생산하는 데 드는 비용을 뜻한다. 임금이 상승하면 단위노동비용은 상승한다. 그러나 노동생산성이 높아지면 단위노동비용은 하락한다. 임금이 상승함에도 불구하고 노동생산성이 임금상승률보다 높다면 이 또한 단위노동비용은 하락한다. 그러나 명목 임금이 상승하지 않고 횡보하더라도 노동생산성이 떨어지면 단위노동비용은 상승하는 것이다. 기업의 입장에서 생산성은 떨어지고 있는데 고용을 늘리는 것은 오히려 단위노동비용의 증가를 야기하고 결국 제품경쟁력을 떨어뜨려 기업 이윤에 타격을 줄 수 있다. 그래서 미국 경제의 역사를 보면 실업률이 완전고용 실업률에 가까워지면서 생산성이 떨어질 때 리세션(recession, 경기침체)이 왔던 것이다.

현재 미국의 실업률은 매우 낮아진 상태이다. 이는 경제활동 인구에서 실업자가 줄어들었다는 뜻이고, 기업의 입장에서 고용할 수 있는 사람의 숫자가 줄었다는 것이다. 이때 나타나는 현상이 명목임금 상승 또는 단위노동비용의 증가이다. 현재 임금상승률은 2%에 묶여서 움직이고 있지 않지만 단위노동비용은 증가하고 있으므로 기업에게는 부담인 것은 확실하다.

지금까지 실업률은 계속 낮아지면서 단위노동비봉 상승에 대한 부담을 덜 가질 수 있었던 이유는 위의 물가상승률 차트를 보면 알 수 있다. 즉 미국 물가상승률이 0%대에서 있는데 원유가격하락이 가장 큰 요인이었다. 이때 연준 의장 재닛 옐런은 원유가격하락이 경제에 긍정적일 것이라는 발언을 했는데, 임금상승으로 인한 생산비용의 증가가 원유가격의 하락으로 상쇄되었기 때문에 실업률이 다시 증가하지 않는 상황이 되었다는 것이다.

현재 노동비용의 증가로 물가상승의 압박을 받고 있는지를 알 수 있는 지표가 고용비용지수(Employment Cost Index·ECI)이다.

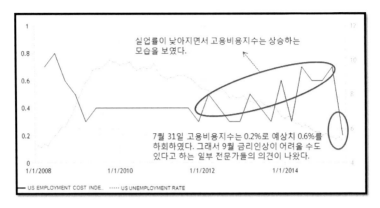

실업률이 낮아지면서 고용비용지수는 상승하는
모습을 보였다.

7월 31일 고용비용지수는 0.2%로 예상치 0.6%를
하회하였다. 그래서 9월 금리인상이 어려울 수도
있다고 하는 일부 전문가들의 의견이 나왔다.

US EMPLOYMENT COST INDE.... ····· US UNEMPLOYMENT RATE

자료: TRADING ECONOMICS U.S. Department of Labor.

이 지수는 미국의 임금동향을 전 산업에 걸쳐 가장 잘 보여주는 지표로
향후 임금상승 압력이 어떤지 알 수 있고, 이로 인한 기업이윤의 결과를
알 수 있는 지표가 된다. 만약 ECI가 뚜렷하게 상승하는 상황이 벌어진
다면 기업은 오히려 구조조정이나 임금이 싼 나라에 공장을 옮겨 비용
을 낮추려 할 것이기 때문에 이는 다시 미국의 경기침체로 이어질 수 있
다. 그래서 단위노동비용 상승 압박을 줄여야 하는데, 이는 완전고용 실
업률에 가까워지고 있는 미국 입장에서는 금리인상을 통해 선제적으로
고용의 속도조절을 해야 하는 것이다. 즉 단위노동비용의 상승이 줄어드
는 실업률까지 자연스럽게 올림으로써 큰 충격을 피할 수 있다는 뜻이
다. 고용비용지수가 전 분기까지 0.7%로 높게 나와서 9월 금리인상에 힘
을 실었는데 7월 지수는 0.2%로 낮게 나와서 금리인상을 서두를 필요
가 없다는 의견도 나왔다. 하지만 노동생산성이 하락하고 있는 가운데
단위생산비용이 부담이라는 사실은 변하지 않으므로, 9월 금리인상 가

능성은 여전히 유효한 것으로 시장은 반응하고 있다.

 2. 부실기업을 청산하는 데도 금리인상이 필요하다.

2008년 금융위기 이후 부실기업이 많았는데 이들을 모두 부도처리 하면 실업률이 매우 높아질 것을 우려해 돈을 풀어 이 회사의 회사채를 사들이게 된다. 이러한 회사의 채권을 전크본드라고 한다. 이 회사는 부도를 피할 수 있게 되었지만, 생산성이 낮고 경쟁력이 떨어지다 보니 문제가 되었다. 신규기업이 진출하는 데에도 장애물처럼 버티고 있기 때문에 산업에도 악영향을 끼칠 수 있다. 지금처럼 실업률이 낮을 때 이런 기업들을 청산하는 의미에서도 금리인상은 필요하다.

 또한 현재까지 저금리 기조를 유지하면서 은행의 순이자마진은 계속 줄어들었고, 은행들은 위험자산에 대한 투자가 폭증하였다. 예대마진이 없다 보니 투자에 나서는 것이다. 금융위기 이후 규세를 강화하기는 했으나, 그래도 은행의 고유 수익인 예대마진이 없다 보니 리스크가 있는 투자로 경영할 수밖에 없는 상황이었다. 금리인상은 예대마진을 높여 은행의 투자리스크를 줄여주는 효과도 있다.

 그러므로 미국의 국내 문제에서 봤을 때에는 금리인상이 꼭 나쁜 것만은 아니며 좀 더 튼튼해지기 위해서 필요한 예방 접종 같은 것이다.

미국의 금리인상은 한국에 어떤 영향을 끼칠 것인가?

 결론부터 말하자면 미국의 한 차례 금리인상 그 자체로서의 의미는 크지 않을 것이다. 다만 금리인상을 몇 차례에 걸쳐 할 것이며 그 속도가 얼마나 빠른가가 관건이다.

그리고 최근 증시와 채권시장은 미국의 금리인상을 선 반영하는 모습이 나오고 있기 때문에 오히려 미국의 금리인상이 나왔을 때에는 악재가 노출되었으므로 시장의 타격은 그리 크지 않을 것으로 보인다. 시장에서의 리스크는 금리인상이라는 악재 그 자체가 아니라 몇 %를 올릴지, 몇 번 올릴지, 언제 올릴지 등을 모른다는 불확실성이다.

즉 노출된 악재는 더 이상 악재가 아닌 셈이다. 불확실한 기간 동안 시장은 복잡한 심리를 보이며 변동성을 키우기 때문이다. 이런 과정을 거치며 마음의 준비를 하게 되고, 오히려 금리인상 결정이 난다면 일정 부분 선 반영한 것으로 보아 예상했던 것보다는 나빠지지 않는 것이다. 미국의 양적완화 축소도 그렇게 천천히 축소되면서 저항력을 높였기 때문에 적응할 수 있었듯이 금리인상도 그럴 것이라는 생각이 든다.

정작 한국에 영향을 끼치는 것은 금리인상이 아니라 그로 인한 환율의 변동일 것이다. 전문가들은 미국의 금리인상으로 달러 상승과 원화가치 하락을 예상한다. 그렇기 때문에 미국의 금리인상에 따른 외화유출 우려에 대한 대응으로 한국도 금리인상을 하여 원화의 가치를 높여야 한다고 주장한다. 하지만 최근 수출 확대에 집중하는 정책을 꾸준히 펴온 미국 입장에서는 달러 강세가 반가운 소식은 아니다. 그렇기 때문에 미국은 금리인상과 함께 달러 강세를 막을 방법을 고민할 것이다.

또한 우리나라는 달러 강세만 고려할 것이 아니라 일본이나 중국과 같은 수출 경쟁 국가들과의 환율도 주시해야 한다. 만약 수출 경쟁 국가들이 원화 대비 약세를 보인다면 같은 제품을 만들어도 수출 가격 경쟁력에서 비교 우위를 점하게 된다. 중국은 이미 위안화 가치 상승 부담으로 정책적으로 환율을 올리고 있고, 일본 또한 아베노믹스로 지속적으로 엔화 약세를 유지하고 있기 때문에 우리나라만 금리인상으로 원화 강세를 초래한다면 수출 시장에서 타격을 입을 수 있다. 그러므로 미국의 금리인상이 곧 급격한 달러 강세로 변하지 않는다면 수출 경쟁 국가들의 환율을 고려하여 금리인상보디 오히려 금리인하를 선택할 수도 있다.

가계부채 문제에서도 다뤘지만 우리나라의 경제위기는 미국의 금리인상이라는 대외변수보다 국내 경제 문제인 부채 문제와 이에 대한 대책 부족이라는 상수가 원인이 될 것이다. 그러므로 미국이 꼭 금리인상을 한다고 하여 국내 경제 문제를 배제하고 따라서 할 필요가 없다는 얘기다. 이 발언은 최경환 경제부총리도 했었고, 인도의 중앙은행장 라구람 라잔이 올해 초 미국의 금리인상과 관련해 발언한 것으로 유명한 얘기이기도 하다.

만약 금리인상으로 달러강세가 나타나며 원화가치가 하락한다면 오히려 수출에는 호재가 될 수 있다. 그리고 달러가 강세이더라도 일본의 엔화와 중국의 위안화가 약세를 유지한다면, 우리나라도 금리를 올려서 수출 가격 경쟁률을 떨어뜨리는 일을 굳이 나서서 할 필요는 없다. 오히려 미국의 달러가 올랐는데 한국의 원화만 강세가 이어진다면 한국은 금리를 내리는 상황이 될 수 있다. 수출 경쟁국의 환율이 중요한 이유가 되기 때문이다.

한국의 IMF사태 당시 경상수지가 200억 달러 적자였다가 1998년 400억 달러 흑자로 3배의 상승률을 보여준다. 이는 환율 폭등과 비용감축

(뙤직으로 인한 고용비용 축소)이 기업에는 호재였던 것이다

하지만 이번 미국의 금리인상에 따라 한국이 금리인상 조치를 실시한다면 가계부채는 매우 다른 양상을 띨 수밖에 없다. 특히 미국의 금리인상이 지속적으로 가파르게 올라간다면 한국의 가계부채 문제는 터질 수밖에 없다. 미국 또한 지금 막 회복된 몸을 과부하로 이끌어가는 모양새를 만들지는 않을 것이다.

다만 미국의 금리인상과 상관없이 한국의 가계부채 문제는 심각해지고 있다. 그냥 그 자체가 리스크인 셈이다. 미국의 금리인상 속도가 빨라져서 빨리 무너질 것인가? 아니면 천천히 무너질 것인가? 하는 문제만 남은 것이다. 어쨌든 정부의 솔루션이 없는 한 미국의 금리인상과 상관없이 리스크는 커질 것이다. 미국의 금리인상에 대한 대비책으로 우리나라도 금리인상을 준비하기 이전에 가계부채에 대한 부담을 어떻게 안정적으로 관리할 것인가? 이에 대한 대책을 준비하지 않는 것이 더 큰 리스크이다.

이유는 미국의 기준금리는 국채 단기물에 영향을 주지만 주택담보대출의 경우 장기금리의 영향을 받기 때문에 기준금리 인상이 주택담보대출의 금리인상으로 즉각 반영되지는 않는다. 그리고 미국의 주택담보대출의 경우 고정금리가 대부분이므로 그 영향은 크지 않다. 그러나 한국의 경우는 가계부채에서도 다뤘지만 주택담보대출 대부분이 변동금리이면서 기준금리 인상 시 단기 금리와 연동하여 즉시 반영되는 특성이 있어 주택담보대출금리도 바로 상승하는 상황이 발생한다.

이런 취약점이 있기 때문에 미국의 금리인상에도 불구하고 한국의 금리

인상은 쉽지 않은 것이다. 오히려 미국의 금리인상에도 불구하고 한국은 금리를 인하할 수밖에 없는 상황이 벌어질 것으로 예상된다. 금리인하 이외에 정부가 적극적인 정책적 의지를 나타내지 않기 때문에 가계부채문제는 해결이 힘들어질 것이다. 이는 일본의 잃어버린 20년과 비슷한 상황이 되었다고 볼 수 있다.

소리 없는 전쟁
전세난亂

재무설계 분야에서 유명한 강사가 있다. 관리하는 고객들도 많고 여기저기서 강의 요청도 많다고 들었다. 그 분의 글도 자주 찾아 읽는데 꽤 합리적인 부분이 많다. 그런데 경제시황과 부동산 관련 분야에 대해서만큼은 그 분과 필자의 견해는 많이 달랐다. 특히 전세난 부분에 대한 생각과 이에 대한 솔루션은 견해차가 상당히 컸다. 그 분의 요지는 부동산 경제가 바닥을 친 이 시점에서 전세난에 시달리기보다는 집을 사는 것이 더 현명하다는 것이었다. 또한 내 집 마련이 경제적 가치보다 가정의 행복이라는 가치를 고려한다면 더욱 효율적인 투자인 셈이라고 한다.

개인적으로 이 의견에 동의할 수 없었던 이유는 부채를 지고 살 수밖에 없는 한국 부동산 거품의 심각한 현실 때문이다. 가정의 행복을 위해서 집을 사야 된다는 것은 근시안적이라고 생각한다. 전셋집을 전전하는 불편함을 해소할 수 있을지라도 집값이 하락한다면 장기간 빚에 허덕일 가능성이 높다.

전세난은 전세에 대한 수요가 공급을 넘어선 것이다. 집값이 하락할 것이라고 생각하는 잠재수요자들이 내 집 마련을 거부한 결과를 나타내는 것이다. 전세보증금 상승이 극에 달해 매매가격에 육박함에도 불구하고 사람들이 집을 사지 않는 이유는 집값 하락을 예상하기 때문이다. 즉 현재의 집값이 합리적이지 못하며 거품이 많다고 느끼는 것이다. 집값 하락에 대한 불안이 큰 전세 수요자들이 많아질수록 전세난은 가중된다.

특히 전세난이 심각한 지역은 주거환경이 좋은 곳인 경우가 많은데, 주거환경이 좋으니 살고 싶긴 하고, 집값이 떨어지는 리스크 때문에 집을 사지 않고 전세로 살고 싶을 뿐이다. 반면 집주인은 매매차익을 기대하기 힘들고, 전세금을 받아서 은행에 예금하더라도 이자수익은 월세수입에 못 미친다. 그렇기 때문에 부득이하게 전세를 받아야 하는 집주인은 전세 보증금을 인상하여 조금의 수익이라도 더 얻어내고 싶은 것이다. 이것이 전세 임대인과 임차인 사이의 거래에서 일어나는 불일치이며 전세난의 이유인 셈이다.

앞으로 전세는 서서히 줄어들고, 월세로 전환될 것이라는 게 기정사실화되고 있다. 그 이유는 전세보증금을 활용한 투자수익이 앞으로도 악화될 것이기 때문이다. 그러므로 임대업자 입장에서는 월세로 전환하여 더 많은 임대수익률을 올리려 할 것이므로, 전세물건은 더욱 줄어들며 전세난이 더 심해질 것으로 보인다.

이러한 상황에서 정부의 가계월세부담을 줄일 수 있는 정책이 나오지 않는다면 가처분 소득에서 주거비가 차지하는 비중이 높아지

므로 소비는 더욱 위축되어 경제가 힘들어지는 악순환이 점점 더
심해질 뿐이다.

'분양가 상한제', '탄력 적용'이라 쓰고
'폐지'라 읽는다

올 한해 아파트 분양 물량은 40만 채가 넘어섰다고 한다〈그림 2-4〉. 금융위기 이후 최다 물량이다. 수도권은 그 증가세가 더욱 가파르다. 올해 왜 이렇게 많은 물량이 쏟아져 나왔는지에 대해 생각해 볼 필요가 있다.

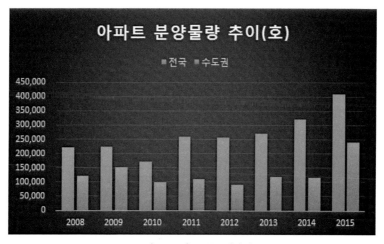

〈그림 2-4〉 자료: 국토해양부

최근 금리인하와 규제 완화 그리고 전세난 등의 이유로 이번 기회에 집을 매입하겠다는 사람들이 증가하였다지만, 건설사들이 이렇게 작정하고 물량을 내놓은 이유는 4월에 있었던 분양가 상한제 폐지와 관련이 깊다. 분양가 상한제는 부동산 가격 안정을 위해 폐지돼서는 안 되는 제도이다. 분양가 상한제에 대해 알아보자.

분양가 상한제는 2007년 4월 참여정부에서 집값 안정을 위하여 분양가격 공시제도와 함께 시행한 제도이다. 아파트 건설에 드는 비용을 택지비와 건축비로 나누어 분양가격을 공시하고, 주택법이 정한 기준에 따라 산정되는 분양가격 이하로 공급함으로써 아파트 분양가의 투기과열을 억제하고 매매주체 중 상대적 지위가 낮은 구매자를 보호하는 역할을 해왔다. 하지만 일각에서는 분양가 상한제의 부작용을 제기하며 제도 폐지를 주장했는데, 그들이 말하는 부동산 상한제의 부작용이라는 것이 얼마나 모순적인지 하나하나 살펴보도록 하자.

부작용 1. 원가 상승에 따른 불가피한 분양가격 상승을 반영하기 어렵다.

금융위기 이후 원자재 가격이 폭락하여 원가 상승은 일부 원자재에 국한된 현상이다. 그러므로 분양가 상한제로 인해 원가 상승에 따른 손해를 기업이 감수하고 있다는 말은 근거 없는 주장이다. 또한 원자재가 상승한다 하더라도 주택법이 정하는 분양가격에 원자재 상승분을 반영할 수 있도록 하는 것이 혼란을 줄일 수 있는 방법이다.

부작용 2. 주택 품질의 하향평준화를 초래할 수 있다.

주택 품질이 나빠지는 근본적인 원인은 분양가 상한제보다 '하청에 재하청'이라는 피라미드식 건설업 구조에 있다. 하청이 아닌 직접 시공으로 근본적인 문제를 해결할 수 있다. 요즘 여행사들이 현지 여행사에 하청을 주던 관례를 벗어던지고, 여행상품 기획 과정의 전반을 직접 관리면서 여행 상품의 질이 많이 좋아졌다.

부작용 3. 실질적인 주택가격 인하효과는 미약하다.

당연히 부동산 경기 하락기에는 분양가 상한제의 실질적인 주택가격 인하효과는 미약하다. 그러나 2000년대 전 세계의 부동산 가격이 폭등했을 때에는 폭등하는 집값에 제동을 거는 중요한 역할을 했다.

부작용 4. 브랜드가치의 반영이 어렵다.

현재도 브랜드 가치는 수요로 반영이 되고 있다. 초과 공급 물량으로 아파트가 빈번하게 미분양되는 상황에서 브랜드 가치는 가격 인상 요소가 아니라 미분양을 줄이는 요소로 반영되고 있다고 보아야 한다.

2015년 4월 민간택지[38] 내 분양가 상한가 탄력 적용이 시행되어

---

38) 민간 업체가 주택을 건설할 수 있도록 조성한 토지.

사실상 분양가 상한제는 폐지된 셈이다. 현재 분양 가격 결정권은 건설사에 있다. 정부가 건설사에게 분양가를 올리고 싶은 대로 올리라는 권한을 준 것이나 다름없다. 참으로 시장친화적인 규제 완화이다. 정부의 속내가 너무 뻔하다. 상황이 이러하니 당연히 건설사는 분양 가격을 올리려고 할 것이고, 사람들은 분양 가격이 상승하기 전에 먼저 매수하고 싶은 초조함을 느낄 것이다. 정부는 이로 인해 부동산 경기가 살아날 것이라고 예상했을 것이다. 만약 이번에 분양 받지 못하면 다음번에는 좀 더 비싼 가격에 분양 받아야 한다는 공포를 조성한 것이다. 분양가 상한제 폐지는 서민들의 가계부채 문제는 아랑곳하지 않고, 공포 마케팅으로 마지막 자산버블을 극대화시켜 투자 붐을 일으켜 보겠다는 의도로밖에 해석할 수 없다. 동시에 기업에게는 좀 더 높은 이윤을 보장해 주는 효과가 있다.

그러나 시장에는 다양한 변수가 있어서 공급자가 제품 가격 상승을 예고하는 것만으로 수요가 급증하지 않는다. 수요자가 그것을 살 여건이 마련되지 않으면 사고 싶어도 못 산다. 오히려 가격이 내려가야만 살 수 있는 여건이 마련되는 것이다. 하지만 그렇게 적정가격으로 내리기에는 너무 많은 문제들이 연결되어 있기 때문에 이또한 굉장히 풀기 어려운 문제이긴 하다.

어쨌든 분양가 상한제 폐지에 대한 정부의 예상이 완전히 빗나갔음을 최근 몇 년간의 부동산 경제 동향을 통해 알 수 있다. 부동산 경제가 활성화되기는커녕 부동산 시장의 잠재 수요자들이 아예 내 집 마련의 꿈을 포기하는 상황이 조장되고 있다. 서민들은 분양가 상한제 폐지로 인해 앞으로 아파트 분양 가격이 더 오를 테니 나중엔 구매가 더욱 어려워질 것이라고 예상한다. 그렇다고 지금 당장 집을 살 능력은 되지 않고, 담보대출에 의존해야 하는 상황인데, 급한 마음에 덜컥 사버린다면 부동산 시장의 소폭하락만으로도 부채에 허덕이는 하우스푸어가 되는 결과를 초래할 것이다.

건설사들도 분양가 상한세를 폐지한다고 하여 수요자들이 급증할 것으로 보지는 않는 것 같다. 2015년 올해 금융위기 이후 최대 물량을 쏟아내며 이전 수준에서 크게 벗어나지 않은 가격대에서 빠르게 분양 물량을 처리하려고 하는 모습에서 이를 알 수 있다.

부동산 문제가 이러한 규제 완화 정책으로도 잘 해결되지 않는 이유는 우리 사회의 구조적인 문제가 심각해지고 있기 때문이다.

첫째, 신규 유효 수요[39]층이 제한적이다. 과거 주택의 수요층이었던 베이비 붐 세대의 은퇴시기가 도래했고, 이들은 주택의 공급층이 되었다. 이제 다음 세대가 주택의 수요층이 되어야 하는데 상황이 그렇지 못하다. 가장 활발한 수요층이 되어야 할 30~40대들은 직업의 불안정성과 결혼 및 자녀양육에 대한 부담으로 주택마련을 꺼리는 경우가 많은 것이다.

둘째, 가계소득 증가율이 정체되었고, 가계부채는 한계에 가까워지고 있다. 2010년부터 건설사들이 힘들었던 이유는 서민층의 부채 증가로 인해 수요가 계속 줄어들었기 때문이다. 현재 LTV, DTI를

---

39) 구매력을 수반하는 수요, 즉 물건을 살 수 있는 돈을 갖고 물건을 구매하려는 욕구.

확대했지만 이마저 한계에 다다른 가구가 증가하고 있다.

셋째, 라이프 스타일과 가치관의 변화로 주거에 대한 인식이 달라지고 있다. 과거에는 평생 한 곳에 정착하여 사는 삶을 지향했다면 지금은 교육, 직장, 주거환경 등 다양한 목적으로 거주지를 바꾸는 일이 잦아졌고 이에 따라 무리하게 집을 구매해야 할 필요성을 느끼지 못하는 사람들이 많아지고 있는 것이다. 우리 부모님 세대가 집 없는 설움을 벗어나려 한 세대라면 지금은 무리한 내 집 마련이 평생 안겨다 줄 불행을 회피하려는 세대가 되었다.

정부와 언론의 적극적인 부동산 홍보에도 불구하고 부동산 경기는 좀처럼 살아날 기미가 보이지 않는다. 부동산 수요자 대부분이 본능적으로 거시적인 부동산 시장의 흐름을 체감하고 있기 때문이다. 부동산 경기를 살리기 위해서는 과하게 끼어 있는 부동산 버블을 빼는 게 우선이다.

현 부동산 버블의 문제점은 정치, 경제, 복지 등 여러 분야에서 심각하게 다루어져야 할 문제임에도 불구하고, 정부는 포퓰리즘[40] 정책으로 일관하고 있다. 부동산 대책이라며 정부가 내놓는 정책들은 하나같이 나중에야 어떻게 되든 지금 당장의 이익을 목표로 하거나 선거 표심 잡기용 정책인 경우가 많다. 부동산 버블 폭탄 돌리기에서 이번 정부에서만 터지지 않으면 되고, '다음 정부가 문제를 처리

---

40) 국가와 사회 발전의 장기적인 비전이나 목표와 상관없이, 국민의 뜻에 따른다는 명분으로 국민을 속이고 선동해 지지를 이끌어 내려는 경향.

하겠지'라는 식이어서 정말 부동산 문제를 해결할 의지가 있는지조차 의심스럽다.

정부는 다 떨어져가는 곳간을 걱정하기보다는 만찬을 계속 즐기라는 행태를 보이고 있지만, 그 만찬에 초대된 '집 때문에 고민하는 서민'은 이미 불안한 심리 상태를 보이고 있다. 그럼에도 불구하고 정부는 어쨌든 언 발에 오줌 누는 식의 정책(금리인하와 대출 규제 완화 등)을 계속할 것으로 예상된다. 혹시 이런 정책에 현혹되어 집을 사려는 서민들이 있다면 신중에 신중을 기하라고 당부하고 싶다. 얼어붙은 부동산 날씨에 잠깐 내 발을 녹여준 오줌이 결국 내 발을 동상에 걸리도록 만들 수도 있으니 말이다. 단언컨대 부동산 시장의 겨울은 생각보다 길 것이다.

떳다방의 부활

2015년 6월 15일자 중앙일보 경제면에 「청약과열 단지, '폭탄돌리기' 주의보」라는 제목의 기사가 났다. 15일 당일 당첨자를 발표한 위례신도시 우남역 푸르지오 84㎡형분양권에 5000만 원~6000만 원의 프리미엄이 붙어 청약 대박을 터트렸으며, 이때 청약 경쟁률이 161.3대1이었다는 내용이다.

무슨 아파트 청약이 이렇게 경쟁이 심할까? 그 아파트에 꼬~옥 살고 싶은 사람들이 그렇게 많아서 경쟁률이 치열한 것일까? 아니다. 분양권 전매를 목적으로 청약에 뛰어든 사람들이 다수 섞여 있기 때문이다. 청약통장 1순위로 인기 지역 아파트 분양권에 당첨이 되면 분양권에 프리미엄(Premium)이라는 웃돈이 붙는다. 이 분양권을 팔면 내 돈 한 푼 안 들이고 순식간에 기천만 원의 이익이 생기는 것이다. 이것을 분양권 전매라고 한다.

그래서 아파트를 사지 않고, 분양권만 얻어 이를 팔아 이익을 챙기는 사람들이 많다. 아파트를 기초 자산으로 한 선물 파생상품이라고 할 수 있다. 즉 아파트 분양권은 선물과도 같다. 아파트를 대상으로 이러한 거래가 가능한 이유는 우리나라에만 있는 아파트 선분양제도 때문이다. 아직 지어지지 않은 아파트를 미리 계약하고, 계약한 권리를 사고 팔 수 있으며, 결국 마지막에 분양권을 가지고 있는 사람이 그 아파트를 분양 받는 식이다.

선물이란 무엇인가?

파생상품의 일종으로 선매매, 후물건 인수도의 거래 방식을 뜻한다. 쉽게 얘를 들면 농부 이 씨가 마늘 농사를 짓고 있다. 재배한 지 1개월이 지나 아직 수확하지도 않은 마늘을 상인 김 씨가 와서 2개월 후에 수확할 때 자기가 사겠다고 하고 계약금을 지불한다. 수확할 수 있는 권리를 농부 이 씨가 김 씨에게 넘긴 것이다. 그리고 수확 시기가 되어 상인이 마늘을 인도 받으면 2개월 전에 계약했던 잔금을 치르면 되는 것이다. 이런 계약을 할 때 농부 이 씨의 판단은 2개월 후에 농작물 가격이 떨어질 수 있으니 미리 팔아서 손해를 막아보겠다는 것이고, 상인 김 씨의 입장에서는 2개월 후에 가격이 상승할 것이라는 예상으로 미리 싼 가격에 선점하겠다는 기대를 한 것이다. 그런데 상인 박 씨가 수확 20일을 남기고 상인 김 씨에게 찾아와서 계약금의 두 배를 줄 테니 자신에게 이 씨의 마늘밭 수확 권리를 팔라고 제안한다. 상인 김 씨는 계약 이후 한 달 넘게 지켜보니 수확 후에 그렇게 많은 수익을 남길 것 같지 않다는 판단을 하게 되고, 계약금의 두 배를 받으면 투자 대비 수익률이 100%이므로 이에 만족하고 농부 이 씨의 마늘 수확 권리를 상인 박 씨에게 넘긴다. 계속 이렇게 수확할 수 있는 권리를 다른 상인들끼리 사고팔다가 만기일, 즉 수확일이 되면 이 수확할 수 있는 권리를 산 최종 상인이 농산물을 수확하는 방식이다. 수확하여 팔아야 할 시기에 가격이 오르든 내리든 수확일에 수확할 수 있는 권리를 가지고 있는 사람은 무조건 수확을 하여야 한다. 그리고 농부 이 씨에게 계약된 잔금도 치러야 한다. 그렇기 때문에 앞으로의 마늘 시황이 어떨지 상인들은 고민에 고민을 거듭할 것이다. 농부 또한 똑같이 고민을 할 것이다. 앞으로 마늘가격이 어떨지 말이다. 그래서 적정선에서 수확할 수 있는 권리 계약을 어떻게 할지, 그리고 마늘 총 수확량에 대한 가격은 어떻게 할지 결정해야 할 것이다. 이것이 누구에게 유리한지는 수확을 하고 팔아야 아는 것이다. 결국 매우 위험할 수도 있는 게임인 것이다.

예전에 부산에서도 분양권 전매가 이슈가 되어 수많은 고객들이 찾아와 상담을 한 적이 있다. 분양권 전매를 업계에서는 일명 '딱지' 또는 '피'라고 부르는데, 개인적으로는 이를 우리 부동산 경제에 악영향을 미치는 '투기'라고 보기 때문에 상담하는 내내 마음이 편하지 않았다. '딱지'는 '떴다방'을 양산한다. '떴다방'은 아파트 분양 현장 주변에 일시적으로 만들어지는 무허가 중개업소를 말한다. 주로 아파트 모델하우스 인근에 가건물, 파라솔 등을 설치하고 현장에서

'중개행위'를 하면서 투기를 조장하는데 이는 불법행위로 법에 의해 처벌 받을 수 있다.

처벌 대상이 되는 떴다방의 불법행위에는 청약통장 매집 및 불법 거래, 분양권 가격 조작, 가짜 계약 조장, 무자격 중개 등 불법 중개행위와 제3자 명의로 청약통장가입·당첨·계약 후 전매하거나 통장 가입자가 당첨 후 계약 전에 전매하는 번칙거래 등이다.

떴다방 중계업자들은 분양권 프리미엄이 올랐다고 홍보하며 투자자에게 지금 사지 않으면 더 오를 것이라는 조급한 심리를 조성한다. 분양 시장을 더욱 과열되도록 만드는 것이다. 실질적으로 완공도 되지 않은 아파트의 분양가를 높여 실거주자가 되려는 사람들만 부담을 떠안게 된다. 분명히 규제해야 하는 대상임에도 떴다방이 공공연하게 성행하는 것은 부동산 투기로 경기 침체를 해결하겠다는 정부의 속내를 그대로 보여주는 것이라 생각한다.

노무현 정부 시절 부동산 시장이 과열되자 전매 제한을 강화하는 정책을 시행하였다. 대표적으로 계약금과 중도금을 2회 이상 납입한 사람만 전매를 할 수 있게 하였고, 건설사가 분양가를 뻥튀기 하지 못하게 분양원가를 공개하는 정책도 같이 나왔다. 그러나 MB정권이 들어서면서 이러한 정책은 완화를 넘어 거의 폐지되다시피 하였다. 분양권 당첨만 되면 계약금을 내기 전에 팔아도 문제없는, 로또 같은 청약이 될 수 있도록 규제를 완화하였고, 이에 따라 떴다방이 다시 성행하게 되었다.

분양 이슈가 있으면 사람들이 몰렸고, 분양권 당첨 후 프리미엄만

챙기고 단타로 치고 빠지겠다는 사람들이 급증했다. 아파트 시장에서도 단타가 가능해진 것이다. 그래서 청약경쟁률은 매우 높으나 결국 분양된 후에는 분양가격보다 아파트 가격이 오히려 떨어지는 사태가 발생하게 되었다. 박근혜 정부 들어서도 이는 계속되고 있고, 이제 투기를 지나 노름 수준으로 번지고 있다.

2015년 3월 26일자 경실련의 '분양권 되팔기, 2000년대 아파트 값 폭등기보다 심하다'라는 제목의 뉴스를 보면 2014년 분양권 전매가 2000년대 중반 주택가격 폭등보다 더욱 심각한 것으로 나타났다고 발표했다. 이로 인해 분양된 아파트에 실거주하는 사람들의 부담은 더욱 커지고, 이는 또 집을 사지 않는 사람들이 증가하는 행태로 악순환이 계속되는 것이다.

금융위기 이전에 청약통장은 직장에 들어가면 누구나 하나씩 가입해야 하는 필수 재테크 상품이었다. 청약 1순위가 되기를 손꼽아 기다렸고, 청약 당첨이 되면 온 가족이 행복해 했다. 지금은 분양권 당첨이 행복한 게 아니라 분양권 프리미엄을 받고 단타로 파는 게 더 행복한 이상한 상황이 되었다.

일단 믿어 보시라니까요

전 세계 주택 제도 중에 우리나라에만 있는 독특한 제도가 두 가지 있다. 전세와 아파트 선분양제도(말레이시아도 동 제도가 있다)이다. 그 중 아파트 선분양제도는 평생에 가장 비싼 품목을 구입하는데 눈으로 물건을 직접 보지도 않고 사도록 만드는 제도이다.

이 제도의 시작을 살펴보자면 1970년대로 거슬러 올라간다. 과거 70~80년대 우리나라 주택 정책의 최우선 목표는 주택 부족 문제의 해소였다. 정부는 주택을 대량으로 공급하기 위해 아파트 선분양제도라는 것을 만들어 주택 사업자가 아파트 건설에 필요한 자금을 소비자로부터의 조달 받을 수 있도록 하였다.

아파트 선분양제도는 주택 사업자에게 아파트 수요 및 건설 자금을 사전에 확보해 줌으로써 사업의 안정성을 높여주었으나, 소비자가 사업 위험을 떠안게 되고, 소비자의 선택권을 침해하며, 분양권 전매를 통한 투기 과열로 주택 시장을 교란시키는 등 상당한 부작용을 야기했다.

특히 가장 문제가 되었던 부분이 분양을 받은 상태에서 중도금까지 치렀는데 건설사가 부도나는 일이었다. 주택분양보증을 받은 업체라면 큰 문제는 없지만, 그렇지 않은 경우도 많았다. 그리고 모델하우스만 보고 실제로 분양 받아서 입주해 보니 모델하우스와 너무 달라 소송이 이뤄지는 경우도 적지 않았다.

아파트 선분양제도는 장점보다 단점이 훨씬 많은 제도이다. 과거에는 아파트 선분양을 허용하면서 동시에 분양가 상한제를 시행하여 소비자들이 시중보다 낮은 가격으로 주택을 구입할 수 있는 기회를 제공하였다. 그러나 현재는 민간 부문의 규제 완화 추세에 따라 선분양제도는 유지된 채로 주택 분양 가격이 자율화되었다. 소비자들이 적절한 가격으로 주택을 구입할 수 있는 여건이 조성되지 않는 것이다.

2000년대 초반 이미 전국 주택 보급률은 100%를 초과하였으므로 주택 재고의 절대적 부족 문제는 해소되었다. 단지 몇몇 특정 지역에 인구가 쏠리는 현상 때문에 주택 부족 문제가 해소되지 않은 것처럼 보이는 것이다. 공급 물량은 매년 상승 추세에 있고, 올해도 금융위기 이후 최고의 공급물량이 나오고 있기 때문에 소비자 입장에서는 좀 더 신중하게 생각하고 매매를 결정해야 할 시점이다.

최대한 천천히, 그리고 임대로 살아보고 주택의 구조와 자재의 질, 자금 현황까지 꼼꼼히 따져서 주택 매입을 결정할 것을 권고한다. 건설사들의 최근 주택 공급은 흡사 점포 정리 세일 같은 느낌이 든다. 그런데 여타의 점포 정리와 다른 점은 보통 점포 정리하는 물건

값은 싸지만 건설사의 물량 처리는 분양가가 올라간다는 것이다. 그것이 가능한 이유는 건설사들을 너무나 사랑하는 든든한 정부 덕분이다. 현 시점에서 존재할 필요가 없는 아파트 선분양제도가 사라지지 않고 여전히 시행되는 것도 건설사들의 입장이 적극 반영되었을 가능성이 크다.

결국 선분양제도하에서는 소비자들이 보지도 못한 제품을 감으로, 또는 브랜드 이미지로, 모델 하우스처럼 지어질 것이라는 기대감으로 2~3년간 꾸준히 중도금을 내며 기다려야 한다. 게다가 가격 하락의 리스크 또한 온전히 감당해야 한다. 건설사에게만 유리한 불합리한 제도인 셈이다.

투자와 투기 사이

집을 사는 것은 투기가 아니라는 사람들을 자주 만나게 된다. 평생 살 집, 즉 거주목적이지 투자목적이 아니라는 거다. 높은 전세 가격에 마땅한 집을 찾기도 힘들고, 전세나 매매나 가격이 큰 차이가 없으니 집을 사는 게 오히려 행복을 위해서 좋지 않겠느냐는 얘기다. 2년마다 이사 가기 지긋지긋하다는 얘기도 같이 한다. 그래서 보유한 현금과 봐둔 집 가격을 얘기해 보면 통상 집값의 40%를 넘지 않는 자금을 가지고 있으며 모자란 나머지 60% 내외의 자금은 대출을 계획하고 있는 분들이 많다. 그러면 나는 '이건 투기'라고 반드시 콕 집어 조언해준다.

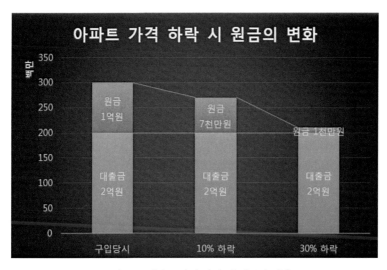

〈그림 2-5〉 아파트 가격 하락 시 원금의 변화

만약 돈이 1억 원이 있는데 3억 원짜리 아파트를 사고 싶다면 대출은 2억으로 내가 가지고 있는 돈의 두 배를 대출해야 한다. 이때의 리스크가 무엇인지 알아봐야 한다. 〈그림 2-5〉를 살펴보자.

3억 원인 아파트가 10% 하락한다면 3,000만 원이 하락한다. 2억은 은행에 갚을 돈이니 그대로 놔두고 내 돈만 깎일 테니 내 돈은 7000만 원이 남는다. 이렇다 보니 아파트 가격 10% 하락은 내 원금의 30% 하락이 된다. 만약 아파트 가격이 30% 하락하면 9,000만 원인데 이때는 내 원금이 1,000만 원밖에 남지 않는다. 즉 90% 하락인 셈이다. 이때부터 하우스푸어 소리를 듣게 될 것이다. 이래서 투기라는 거다.

집을 사는 것에 대해서는 나 또한 인생에 있어 매우 중요한 일이라고 생각한다. 이렇게 중요한 결정을 하는데, 대출을 받지 않아도 되는 여유가 있다면 별 문제가 없다. 또는 대출을 받지 않아도 될 정도로 집값이 내려가 준다면 또 문제가 되지 않을 것이다. 그런데 집값은 아직 거품이 빠지지 않았다는 것이 구매 가능성이 높은 전세 계약자들의 목소리이고, 내 집 없는 서러움을 목 놓아 외치는 사람도 전세 계약자들이다.

심정이야 이해가 가지만 위에서 쭉 봐온 통계만 참고하더라도 가장 큰 문제는 과도한 주택 담보 대출인데, 이것이 터지는 것은 즉각 부동산 가격 하락으로 이어질 것이라는 예상은 조금만 깊게 생각해 보면 누구나 할 수 있다. 그래서 집을 살 수 있을 만한 돈을 가지고 있음에도, 또는 대출이 가능한 사람임에도 전세를 사는 것이 아니겠는가? 요즘은 그 전세가가 집값의 90%에 육박하는 곳도 있어 이사 나갈 때 전세금도 돌려받지 못할까 걱정하는 사람들도 많아지고 있다.

물론 집 없는 설움과 잦은 이사, 집주인의 눈치 등은 힘든 일이다. 그러나 주택 담보 대출로 평생 빚에 시달리며 사는 것에 비하면 큰 불편은 아닐 것이다.

예전에 고객 소개로 자산가를 만날 기회가 있었다. 어떻게 돈을 모았느냐는 질문에 평생 떡을 팔며 시장에서 모은 돈으로 예금과 적금만 했다고 한다. 집도 전세였고, 그리 부자는 아니었다고도 했다. 그런데 IMF가 터지고, 주변에 아파트들이 말도 안 되는 가격으로 매매되는 것을 보면서 이때다 싶어 부동산을 사 모으기 시작했고 거기서 15배 이상의 수익이 발생한 것이다. 결국 몇 년 만에 100억에 육박하는 자산가가 되었다. 본인은 운運이라고 하는데, 위기에 준비된 사람들만이 잡을 수 있는 기회였다고 나는 생각한다. 그 자산가가 그랬던 것처럼, 이제 곧 우리에게 닥칠지도 모르는 그 위기를 기회로 바꾸기 위해서는 바로 지금부터 대비해야 한다. '과감하게 지르고 보자' 할 시기는 결코 아니라는 말이다.

일본에도 배울 점이…

　인정하기 싫지만 '일본의 잃어버린 20년'은 향후 20년간 펼쳐질 우리 경제의 미래 모습이 될 가능성이 크다. 일본과 우리나라는 비슷한 경제발전 과정을 겪었고, 인구구조 또한 닮았다. 지리적으로 근접하고, 사회 문화 양식도 많은 부분을 공유한다.

　일본은 과거 부동산 시장의 폭락과 그로 인한 심각한 경제 불황을 경험했다. 경제 불황에서 벗어나기 위해 일본 정부가 주력한 경기 부양 정책은 저금리 정책이었다. 그러나 심각한 경제 불황 속에서 충분한 복지 혜택이나 여타의 지원 정책 없이 저금리 정책만 시행하는 것으로는 경기 부양 효과를 기대하기 어렵다. 당연히 일본의 저금리 정책은 실효를 거두지 못했고 심각한 경기 침체가 지금까지도 이어지고 있다.

　우리 정부 역시 경기가 침체되었을 때 가장 먼저 시행하는 정책이 바로 저금리 정책이다. 일본과 우리 정부가 경제 활성화 정책으로 이렇게 저금리 정책만을 고집하는 이유는 두 나라 모두 수출주도형 국가로서 국가 경제의 대기업 의존도가 크고, 정경유착政經癒着이 심하기 때문이다. 경기가 침체되었을 때 유럽의 복지국가들이 자산가나 고소득자, 기업의 부담을 높이고 서민들에게 제공하는 복지 혜택을 늘리는 식의 정책을 펼치는 것과 비교하면 일본과 우리나라는 지나치게 기업 편향적인 정책을 펼치는 셈이다. 정치자금의 대부분이 재벌과 기업에서 나오고, 기업이 살아야 나라가 산다는 식의 사고방식 때문에 보수 정권은 재벌과 기업들에게 해를 끼치지 않아야 한다는 전제하에 경제 정책을 시행하는 모습을 보여 왔다. 상황이 이렇다 보니 결국 금리인하와 대출을 많이 해주는 것 외에는 할 수 있는 게 없는 것이다.

일본은 저금리 정책이 별다른 실효를 거두지 못하자 양적완화를 실시하여 시중에 많은 돈을 풀었고 엔화의 평가절하를 유도했다. 엔화를 평가절하 한다는 것은 엔화의 가치를 낮추어 엔화의 환율을 상승시키는 것이다. 과거에는 80엔이 1달러의 가치가 있었냐고 가정한다면 엔화의 평가절하 이후엔 120엔이 1달러의 가치를 가지게 되는 것이다. 평가 절하에 따른 엔화의 환율 상승은 기업의 수출에는 상당히 긍정적인 영향을 미쳤다. 기업이 100달러짜리 물건을 수출했을 때 엔화 환율 상승 이전엔 8,000엔의 이윤이 생겼다면 엔화 환율 상승 이후엔 12,000엔의 이윤이 생기는 것이다. 그러나 반대로 100달러짜리 물건을 수입했을 때 엔화 환율 상승 이전엔 8,000엔으로 구입 가능하지만 엔화 환율 상승 이후엔 12,000엔이 있어야 구입이 가능하다.

늘 그렇듯 이윤은 기업이 취하지만 부담은 서민들이 짊어지게 되어 있다. 즉 엔화의 환율 상승은 수입 물가를 상승시켜 서민 경제를 더욱 악화시켰다. 이렇게 서민만 죽어나는 양적완화 정책에도 불구하고 선거에서는 늘 아베정권이 승리한다. 아이러니한 일이다. 어쨌든 기업이 살아야 나라가 산다는 보수정권의 고루한 논리가 증시는 살렸는지 모르지만 그 부작용은 오롯이 서민들이 떠안게 된 상황을 만든 것이다.

다시 말해 무조건적인 저금리 정책과 양적완화는 장기적 관점에서 봤을 때 절대 서민을 위한 정책이 될 수 없으며 진정한 경제 활성화를 위해서는 기업보다 서민을 위한 직접 투자가 필요하다는 것을 일본의 사례로부터 배울 수 있다.

예전에 한 고객과 투자 관련 상담을 하다가 일본의 부동산 상황에 대해 이야기를 나눈 적이 있다. 고객의 지인이 일본으로 이민을 갔는데 전월세가 너무 비싸서 아예 집을 샀고 이것으로 임대사업을 하고 있단다. 벌이가 꽤 괜찮다며 일본인들은 왜 비싼 월세를 내며 사는지 모르겠다는 이야기를 했다. 실제로 일본은 30년 모기지 대출로 집을 사서 이자를 갚아나가는 것이 월세로 사는 것보다 절반이나 싼데도 일본 사람은 꾸역꾸역 월세로 산다. 우리나라도 일본 못지않게 전월세가 비싸니 차라리 집을 사는 것이 재산 증식이나 투자를 위해 더 유리한 것이 아니냐는 것이 고객의 논리였다. 과연 일본인들은 무엇이 더 유리한지도 판단하지 못할 만큼 어리석을까? 현재 일본의 부동산 경제가 우리에게 시사하는 바는 무엇일까? 일본의 부동산 상황을 살펴보자.

일본은 1990년대 초 부동산 버블이 터지면서 70%대의 폭락을 경험했다. 1억에 산 집이 3000만원으로 떨어진 것이다. 신주쿠에서 가장 비싼 아파트는 90%까지 폭락하기도 했다. 우리나라와 마찬가지로 과거 일본의 서민들에게 집과 같은 부동산은 재산의 전부이고 가장 안전한 투자이며 빚을 얻어서라도 꼭 소유하고 싶은 대상이었다. 수요가 많으니 낭연히 가격 싱승이 이어졌고 투기가 따랐으며 거품이 형성됐다. 거품이 최고조였던 시기에 도쿄왕궁 아래 1평방마일(약 2.589제곱킬로미터)로 캘리포니아 주 전체를 다 사고도 남는다는 이야기와 도쿄 땅 전체를 팔면 미국 땅을 살수 있다는 얘기는 다들 한 번씩은 들어본 기억이 있을 것이다.

엄청난 버블이었음을 비유한 표현이겠지만 그만큼 일본의 부동산 가격은 비이성적인 상승을 보였다. 이러한 상황에서 부동산 폭락은 서민들의 삶 전체를 흔들 만큼 엄청난 파장을 불러왔다. 일본이 현재 집을 사지 않고 군이 비싼 월세를 내며 사는 이유는 그들이 경제관념이 없고 어리석어서가 아니라 부동산 폭락을 경험하며 생긴 트라우마[41] 때문이다. 집을 소유하고 싶은 욕망보다 그것을 잃는 것에 대한 공포가 더 크기 때문에 소유하기를 포기한 것이다.

이러한 트라우마는 부동산 폭락을 직접적으로 경험한 지금의 50, 60대 이상의 노년층만의 이야기가 아니다. 부동산 버블이 터지던 당시 어린아이였던 현재 일본의 20~30대 청년들 역시 부동산 매입에

---

[41] 의학용어로 '외상(外傷)'을 뜻하나, 심리학에서는 '정신적 외상 또는 충격'을 말한다.

대한 엄청난 공포를 가지고 있다. 부모 세대가 부동산으로 인해 매우 힘들어하는 것을 보고 자랐으며 계속되는 경기 침체로 인해 안정적인 미래를 꿈꾸는 것도 거의 불가능하고 라이프 스타일의 변화로 인해 집을 소유해야 한다는 개념도 희박하다. 이러한 상황으로 볼 때 일본의 부동산 경제는 아주 오랫동안 지금과 같은 상황이 유지될 것임을 예측할 수 있다.

우리나라 역시 부동산 경제에 심각한 버블이 형성되어 있다. 가까운 미래에 일본과 같은 부동산 경제의 폭락 현상이 일어날 가능성이 높다는 것은 과도한 부채문제를 보면 예상할 수 있다. 흔히 요즘 청년들을 가리켜 3포 세대, 5포 세대, 혹은 9포 세대라는 표현까지 쓰고 있는데 여기에 공통적으로 들어가 있는 '포기'가 바로 '내 집 마련 포기'이다. 앞으로 주된 집 수요자들이 되어야 할 청년층의 집 구매 가능성이 눈에 띄게 줄고 있는 것이다. 수요가 없는 이상 부동산 가격 상승 가능성은 없다.

상황이 이런데 대출 이자가 싸고 전월세가 비싸다고 해서 투자 목적으로 대출을 받아 집을 사겠다고 생각한다면 이는 지나치게 단기적인 안목에 따른 섣부른 판단이다. 물론 투자 목적이 아닌, 평생 거주할 목적으로 내 집 마련을 생각하는 것이라면 이것을 막을 이유는 없다. 다만 대출비중이 높은 여건하에 거주 목적의 내 집 마련은 투기와 다르지 않다는 것이다. 집을 사고도 충분히 경제적으로 여유 있는 사람이라면 모르겠지만 평생 주거 목적을 위해 무리한 대출을 하여 집을 마련하기에는 지금 한국 부동산 시장은 적기라

할 수 없기 때문이다. 일본처럼 부동산시장에 큰 충격이 있고 난 후에 결정해도 늦지 않은 선택이다. 일본의 사례를 봤을 때, 우리 경제가 일본 경제를 답습해 온 것을 고려하면 부동산, 특히 집은 더 이상 투자의 대상이 될 수 없을 뿐 아니라 '평생 주거 목적'이라는 명분으로 과도한 대출을 합리화하는 것도 사치일 뿐이라는 것이다.

가끔 경제 관련 블로그나 여러 기사를 보면 일본 경제와 비교하며 우리 경제는 아직 괜찮다는 식의 내용을 접할 때가 있다. 과연 그럴까? 일본은 세계 2위의 경제 대국이었다. 그리고 1970~1980년대 일본 고도성장을 이끈 단카이 세대의 자산은 아직도 건재하다. 일본의 서민경제가 위험하다고는 하지만 일본 전체를 바라볼 때 국민의 자산은 안정적인 편이며 오히려 일본 정부의 부채가 과다한 것이 경제 악화의 주요 원인으로 분석된다. 그리고 일본 정부가 과다한 부채에도 불구하고 아직도 잘 버틸 수 있는 것은 일본 내에서 그 국채 수요를 해소할 수 있기 때문이다.

우리 정부 역시 일본과 마찬가지로 엄청난 부채를 가지고 있다. 다만 다른 것은 일본과 달리 우리나라의 국공채는 외국인 투자자들 비중이 높다는 것이다. 이는 외국인 채권단에 의해 좌지우지 될 수 있다는 말이다. 이렇게 부채가 많아진 것이 국민의 경제를 살리기 위한 방안으로 쓴 것이기보다 SOC사업[42]에 투자한 것이며, 그마

---

42) Social Overhead Capital, 교량, 항만, 도로, 철도, 공공청사 등 정부와 공공 부문이 주도하는 사업.

저도 뉴딜정책의 이미지에 가려진 부실, 비리 사업이 많아 투자 대비 효과는 거의 없는 것들이라는 게 더 큰 문제다. 이런 사업들은 자금 활용이 불투명하며 들어가는 돈이 수조 원대에서 수십조 원이 들어간다는 데 있다. 일명 '사자방'으로 불리는 4대강 사업, 자원외교 비리, 방산 비리 등으로 정부 부채는 더욱 늘었고, 부채 증가 속도도 매우 빠른 편이다.

가계 부채는 또 어떤가? 이미 앞에서 이야기한 바와 같이 매우 심각한 상황이다. 우리나라의 가계, 정부, 기업의 세 가지 경제 주체 중 안정적인 상황에 놓여 있는 대상은 기업 중에서도 대기업밖에 없다. 상황이 이런 데도 과연 우리 경제를 일본과 비교하며 낙관할 수 있을까?

우리나라 베이비 붐 세대들의 은퇴 후 생활은 서글프다 못해 참담한 상황이다. 더 무서운 건 악화되는 경제 상황으로 인해 발생될 세대 간, 지역 간 갈등이다. 이미 세대 간 갈등은 여러 방식으로 나타나고 있으며, 보수와 진보의 갈등도 심해지고 있다. 정치적 양극화와 경제적 양극화가 같이 일어나고 있으며 어떤 게 먼저가 되었든 간에 갈수록 심각해지고 있는 것은 사실이다. 이 또한 일본의 전철을 답습하는 것이 소름끼칠 정도이다.

제3장

#실업난 #최저임금 #지니계수 #통화 #올림픽 #복지

직장은 없지만 실업자는 아니다!?

세계 1위 스펙의 고급 실업자들

"니가 가라 중동"

♬ 있잖아~ 정부는 기업을 사랑해~ ♪

장바구니 신분상승 프로젝트 '장바구니를 부탁해'

'참깨빵 위에 순쇠고기 패티 두장, 특별한 소스, 양상추, 치즈,

피클 양파까지~♪' 먹고 싶으면 44분 동안 일하세요.

토사노팽(兎死勞烹), 토끼를 잡으면 노동자는 삶아 먹는다

지니계수만 가린다고 문제가 해결되어 지니?

지니계수를 알아보자.araboza

정부와 국민의 동상이몽(同床異夢)

고장 난 나침반의 바늘은 흔들리지 않는다

돈과 은행의 출생의 비밀과 한계

둥글게 둥글게~♪ 빙글빙글 돌아가며 춤을 춥시다 ♬

의자앉기 게임의 노래가 끝나갈 무렵

올림픽 대박을 꿈꾸며

경제위기를 역발상으로 해결한 나라 아이슬란드

직장은 없지만
실업자는 아니다!?

2015년 5월 현재 한국 전체 실업률은 3.8%로 OECD 전체 국가 평균인 7~8%에 비해 최저수준이다. 국제노동기구(ILO)가 발표한 '2015년 세계 고용과 사회 전망 보고서'에 따르면 한국의 2019년 실업률 전망치는 3.5%로 역시 OECD 국가들 중 최저치다. 케인즈[43]가 설명한 노동 의지와 능력을 갖추고 취업을 희망하는 모든 사람이 고용되는 상태인 완전고용상태[44]에 가깝다.

하지만 우리 국민 중 그 누가 위의 통계에 동의를 할 수 있겠는가. 통계 수집, 발표 과정에서 누군가의 의도로 왜곡된 수치를 발표하고 있다고 생각하고 싶지는 않다. 우리나라를 포함한 대부분의 국가는 국제노동기구(ILO)의 방식 기준으로 고용통계를 조사한다. 나라별로

---

43) John Maynard Keynes(1883~1946), 영국의 경제학자로 대표 저서인 〈고용·이자 및 화폐의 일반이론〉에서 완전고용의 실현을 위한 정부의 공공지출을 강조했다.

44) 노동의 의지와 능력을 갖추고 취업을 희망하는 모든 사람이 고용된 상태. 일반적으로 실업률이 3~4%를 완전고용으로 간주한다.

설문 순서 등에 미세한 차이는 있지만 결과에 큰 영향을 미치지 않는 수준이다.

그렇다면 발표되는 실업률과 체감실업률의 격차가 큰 이유는 무엇일까. 통계 자료는 어떻게 조사되는지 알아볼 필요가 있다. 먼저 〈그림 3-1〉 실업자의 통계학적 정의를 보자.

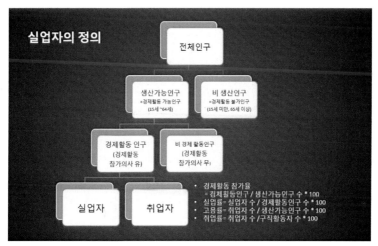

〈그림 3-1〉 실업자의 정의

실업률은 경제활동 인구수 중에서 실업자가 차지하는 비율이다. 경제활동 인구란 일할 능력이 있고, 경제활동에 참가하려는 의사가 있는 사람을 뜻한다. 주부, 군인, 재소자, 학생, 학원생, 공무원 준비생 등은 비경제활동 인구에 포함된다. 반면 고용률은 생산가능 인구수 중 취업자가 차지하는 비율로 생산가능 인구에서 실업자와 비경제활동 인구를 뺀 수치의 비율과 같다. 취업자란 설문 당시 지난

1주 동안 1시간 이상 일을 한 사실이 있는 사람을 기준으로 한다. 실업률 통계의 맹점은 여기서 발생한다.

첫째, 취업난에 졸업하지 못하고 5학년, 6학년이 된 대학생과 취업이 되지 않아 진학한 대학원생, 노량진, 신림동의 장기 고시생들과 공무원 준비생들, 육아 등을 위하여 경력이 단절 된 주부, 1주일 동안 구직 활동은 하지 않았지만 면접 결과를 기다리고 있는 취업 준비생, 도저히 취업이 되지 않아 취업을 포기한 구직 단념자 등 이들은 통계상의 실업자가 아닌 비경제활동 인구로 분류된다. 최근 조사에 따르면 취업 준비생과 구직 단념자 등 비경제활동 인구는 1년 전보다 7만 3천 명 증가한 것으로 집계되었다.

둘째, 취업을 준비 중이나 생계를 위하여 편의점 아르바이트를 했던 취업 준비생, 부모님의 가게에서 일손을 돕고 용돈을 받은 실업자, 대학 졸업 후 구직 활동 중이지만 구직 활동비를 위해 과외를 하고 있는 졸업생 등 이들은 실업자가 아닌 취업자에 속하게 된다.

2015년 5월 현재 한국의 고용률은 60.9%로 OECD 평균을 한참 하회하는 수준이다. 최저 수준인 실업률과 비교하면 아이러니한 결과이다. 전체 100%에서 취업자와 실업자를 뺀 37%의 비경제활동 인구의 상당수가 실제로 취업을 희망하지만 자의든 타의든 구직 활동을 못 하게 된 경우인 잠재 실업자일 가능성이 높고, 취업자 60.9% 중에도 일부는 단기 아르바이트나, 부모님 일손 돕기 등으로 생계를 이어가고 있는 구직 희망자가 있다는 점에서 일부 시각에서는 실질 실업률을 10%이상, 많게는 20%로까지 보아야 한다고 주장한다.

세계 1위 스펙의
고급 실업자들

　통계수치 내에서도 간과할 수 없는 특징이 존재한다. 〈그림 3-2〉 연령별 실업률 통계를 보면, 2013년 기준 한국 청년(16~25세) 실업률은 핵심 생산 인구(30~54세) 실업률의 3.5배에 달하는 것으로 조사됐다.

　이는 OECD 평균 2.29배보다 훨씬 높은 수치다. 일하지 않고 교육이나 훈련을 받지도 않는 '니트족(Not in Education, Employment or Training)'이 청년 인구에서 차지하는 비중은 18.5%로 OECD 평균인 14.9%보다 높고, 이들 중 구직활동을 아예 포기한 청년의 비율은 84.6%로 OECD 평균 55.8%를 훌쩍 뛰어넘었나.

　반면, 한국 청년들의 교육 수준은 조사대상국 중에 1위인 것에 비해 다른 나라보다 노동시장에 진입하기 어렵다는 점에서 실업의 원인을 청년 구직자 탓으로만 돌릴 수는 없다.

　청년실업이 이런 상태로 계속 유지되면 일본처럼 될 확률이 높다. 높은 청년 실업률로 인해 어떤 분야에서 경력이 쌓이지 않은 채 단기아르바이트와 일용직 노동시장을 전전하다가 핵심생산인구가 되는 향후 10년~20년 뒤에는 국가의 경제 발전을 주도하는 한 산업 분야의 전문가 또는 숙련공이 되어야 하지만 아르바이트만 했기 때문에 숙련된 노동자는 될 수 없다. 그리고 그 나이가 되었을 때 신입사원으로 취직하기에는 부담스러운 나이다.

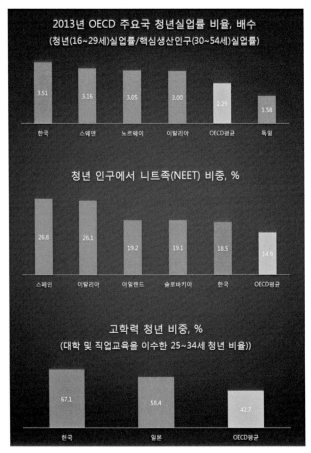

〈그림 3-2〉 2013년 OECD 주요국 청년실업률 통계

결국 기업이나 정부 입장에서는 숙련된 전문가의 공백이 발생하게 되어 경제성장의 걸림돌이 될 가능성이 높고, 전문적인 기술이나 지식 없이 30~40대를 맞이한 청년 실업자들은 여전히 질이 낮은 노동시장의 주축을 담당하게 되는 악순환이 발생하게 된다. 더욱 아이러니 한 건 이러한 3D업종은 외국인 노동자 100만 명과 경쟁해야 한다는 점이다. 직업에 귀천이 없다지만 대학까지 나와서 3D업종에 종사하는 것도 억울한데, 이를 외국인 노동자와 임금 깎기 경쟁까지 해야 하니 더욱 일하기 어려운 상황이 되는 것이다.

영화 〈방가? 방가!〉는 취업이 되지 않아 고민하던 주인공이 부탄 출신 노동자처럼 변장하여 공장에 취직을 하게 되는 코미디 영화다. 주인공이 외국인 노동자로서 겪는 에피소드와 한국의 외국인 노동자, 특히 불법노동자에 대한 인권침해 수준의 사용자의 횡포를 코믹하게 풍자하고 있다. 단순히 웃고 즐기는 영화가 아니라 우리 청년들의 미래상일 수도 있다는 사실이 웃기고 슬픈 현실을 반영한다.

연애, 결혼, 출산, 취업, 주택, 인간관계, 희망, 건강, 외모를 포기해야만 하는 세대의 출현은 단순히 그들의 노력 부족으로 인한 현상이 아니다. 기업에 유리한 고용조건을 만들어주기 위해 노력한 정부의 노력이 빛을 발한 결과이다. 벌써 20년 가까이 누적되어 온 청년 실업문제는 단순히 1~2년의 단기적인 대책으로 해결할 수 있는 문제가 아니다. 장기적인 시각으로 적극적인 정책 대응을 해야 한다.

"니가 가라 중동"

지난 3월 박근혜 대통령은 중동 순방을 마친 뒤 국무회의에서 "대한민국의 청년이 텅텅 빌 정도로 한번 해보세요. 다 어디 갔냐고 하면 저 중동에 다 갔다고 말할 수 있도록(하략)"이라는 발언으로 청년들의 해외진출을 장려한 바 있다. 이후 4월에는 "중동, 중남미에서 우리 청년들이 해외 창업과 기술 전문직 분야에 활발하게 진출할 수 있는 기반을 마련했는데, 앞으로도 우리 청년들이 과감히 해외 시장에 도전할 수 있도록 관련 부처는 많은 관심과 노력을 기울여 주시기를 바랍니다."라고 지시했고, 관계 부처는 청년인력해외진출 T/F[45]팀을 구성하기도 했다.

그러나 국제노동기구(ILO)에 따르면 2014년 중동지역 청년 실업률은 29.5%로 가장 높은 수준이었다. 중동 지역 어떤 국가에, 어떤 직

---

45) Task Force, 어떤 과제를 성취하기 위해 필요한 전문가에 의해서 만들어진 기한이 정해진 임시조직

종의 수요가 있는지 구체적인 조사도 없이 언급된 것이다. 중남미 해외 창업도 10년간 90개 팀을 진출시켜 최대 180명을 보내겠다는 청와대의 발표는 유망창업직종조차 파악되지 않은 상태에서 발표된 것이고, 규모 측면에서도 과거 일개 기업에서 추진했던 글로벌 인턴십 프로그램이 연간 100명을 대상으로 했던 것을 감안하면 한 해 18명을 대상으로 하는 해외창업 팀의 실효성에도 의문을 가지지 않을 수 없다.

적어도 국내에서 더 이상 일자리가 없다는 인식 정도는 하고 있다는 점에서 안심이 되기도 하는 부분이지만, 국내 일자리 창출을 위한 정부의 노력은 우선순위에 없다는 뜻이 내포되어 있는 것이라면 경악을 금치 못 할 내용이기도 하다.

정부 입장에서는 해외에 진출한 청년들 일부가 성공한 사례를 소개하고 정책효과를 홍보하기에는 좋겠지만 국내에 남아있는 대부분의 실업 청년들은 계속 실업상태를 유지할 수밖에 없는 정책 같지 않은 정책일 뿐이다. 대한민국이 텅텅 비어 다 어디 갔냐고 할 정도로 내보내라고? 대한민국이 텅텅 빈 모습을 상상만 해도 끔찍하다. 국가를 이루는 국민, 영토, 주권에서 국민. 그중에서도 허리에 해당하는 청년들이 텅 빈 대한민국을 만들라는 말은 농담이라도 할 말이 아니다. 그들이 나가서 자리를 잡으면 다시 돌아올 것이라는 확신은 있는지 되묻고 싶다. 1960~1970년대 외화를 벌기 위해 수천 명의 국민을 독일에 보냈던 파독광부와 파독간호사들을 떠올렸던 걸까? 그때는 독일에서 해당 노동력의 수요가 있었고, 높은 수입이 보장되었다. 지금에도 적용할 수 있다고 보는 것은 시대착오적인 생각일 뿐이다.

♬ 있잖아~
정부는 기업을 사랑해~ ♪

　저임금과 고용 불안에 시달리는 청년 비정규직 문제의 해소를 위해 2014년 말 정부는 비정규직의 기간제 채용 기간을 기존 2년에서 4년으로 연장하는 내용의 비정규직 종합대책을 마련했다. 이에 노동계는 오히려 비정규직을 양산하는 정책이라며 반대하고 있다. 정부의 정책 방향은 정규직과 비정규직의 격차를 줄이기 위하여 정규직의 혜택을 줄여 더 많은 사람들에게 이익을 줄 수 있다는 취지다. 그러나 노동자 간의 제로섬 게임[46] 프레임[47]을 만들어 놓고, 기업에게는 해고 요건을 완화하는 등 기업이 살아야 경제가 산다는 기업

---

46)　게임에 참가하는 양측 중 승자가 되는 쪽이 얻는 이득과 패자가 되는 쪽이 잃는 손실의 총합이 0(zero)이 되는 게임.

47)　미국의 언어학자 조지 레이코프의 저서에 언급되어 널리 쓰이게 된 개념. 레이코프는 "프레임이란 우리가 세상을 바라보는 방식을 형성하는 정신적 구조물이다. 프레임은 우리가 추구하는 목적, 우리가 짜는 계획, 우리가 행동하는 방식, 그리고 우리 행동이 좋고 나쁜 결과를 결정한다. 정치에서 프레임은 사회 정책과 그 정책을 수행하고자 수립하는 제도를 형성 한다"라고 주장했다.

친화적 경제 정책을 일관성 있게 추진 중이다.

정부의 이러한 비호 아래 기업은 꾸준히 국내 일자리를 줄여나가고 있고, 값싼 해외 노동력을 활용하여 실적을 거두고 있다. 그리고 이익 잉여금은 기업 내에 쌓아두고 있다. 이익 잉여금은 쉽게 말해 기업이 번 돈을 배당이나 사업에 투자하지 않고 금고에 쟁여 놓은 돈, 즉 꼭 쥐고 풀지 않는 돈을 말한다. 기업의 금고 외에 모든 경제 상황이 최악을 향해 치닫고 있다. 높은 실업률과 사상 최대치인 가계부채로 소비가 감소하여 내수경기[48]는 침체되고, 결혼과 출산율이 떨어져 고령화는 심화되는 이 악순환을 정부는 어떻게 보고 있을까?

기업에 특혜를 주고 기업의 이익이 많아지면 기업이 국민을 살릴 것이라는 논리는 낙수효과를 맹신하는 기득권들이 맞든 틀리든 상관없이 꼭 지키고 싶은 신앙과도 같은 것이나. 어떤 은행 광고에는 기업이 살아야 나라가 살고, 일자리도 많아진다는 문구가 나오는데 IMF 이후 우리나라를 보면 말도 안 되는 논리다. 아직 성장이 덜 돼서 그렇다는 이유는 이제 그만 치워야 할 때가 되었음에도 분배 얘기만 하면 이념논쟁을 들이대고, 매카시즘[49]으로 처리하면 그뿐이라는 식의 정부와 여당, 보수주의자들의 태도는 할 말을 잃게 한다.

2015년 기준 30대 재벌 그룹의 사내유보금은 700조 원에 육박했

---

48) 국내에서의 수요의 호황·불황 따위의 경제 활동 상태.

49) 1950년대 미국에서 일어난 반공사상(反共思想)으로, 현재에는 반공주의 성향이 강한 집단에서 정치적 반대자나 집단을 공산주의자로 매도하려는 태도를 지칭하는 말로 쓰인다.

다. 2015년 정부예산이 376조인 것을 감안하면 30대 재벌 그룹이 쌓아놓은 현금이 엄청나다는 것을 알 수 있다. 상위 5개 기업의 사내유보금만 해도 정부의 1년 예산을 뛰어 넘는다. 이런 상황에서도 정규직의 조건을 약화시켜 비용을 줄이고, 이익을 더 내고 싶어 하는 기업의 탐욕도 질릴 정도지만, 기업의 더 많은 이익을 실현할 수 있도록 '중규직' 정책을 내놓은 정부와 정치인들의 머릿속이 궁금할 따름이다. 기업이 나라의 주인이고 정치인들은 그 기업의 고위직 임원 같은 생각이 든다.

정부는 청년실업 문제 해결을 위한 종합대책을 2015년 7월에 발표했다. 각 부처의 청년 일자리 사업 53개를 전면 재정비해 고용 효과를 높이겠다는 복안이다. 최경환 경제부총리는 지난 5월 강원 춘천시 강원대에서 열린 '청년고용 교육개혁' 간담회에서 "청년 실업률이 10%대를 기록하고 내년에 60세 정년이 의무화되면 수년간 청년들에게 고용절벽이 발생할 것이라는 우려가 커지고 있다."며 "청년고용에 구조적 접근과 함께 미시적 접근을 강화하겠다."고 밝힌 바 있다.

이번 종합대책의 핵심은 세제혜택 등의 고용지원으로 기업의 신규채용을 늘리는 방안과 임금피크제와 노동개혁에 대한 내용도 포함되어 있다. 노동개혁이라고 하면 노동자의 입장에서의 개혁인 것처럼 들리지만, 기업의 입장에서 수월하게 해고할 수 있는 방안이 담겨져 있다. 정규직 직원을 해고하고, 임금피크제로 임금을 줄여서 청년일자리를 만들겠다는 것이다. 결국 아버지들의 월급을 줄이고 일자리를 빼앗아서 자녀들에게 나누어 주겠다는 발상인 것이다.

하지만 이것만 되더라도 다행이다. 임금피크제와 정규직원 해고로 줄인 기업의 비용은 그만큼 청년일자리를 늘리는 일에 쓰일 것인가에 대한 전문가들의 분석은 회의적이라는 것이다. 백만 명이 넘는 청년실업자에 비해 20만 개의 일자리는 규모 면에서 부족할뿐더러 12만 개 정도의 민간 일자리는 인턴, 직업훈련 등 임시직에 불과하다. 2년 동안의 임시 일자리를 제공하면서 쉬운 해고와 임금삭감의 빌미를 얻은 기업들은 특혜 논란에도 할 말이 없을 것이다.

청년일자리 대책은 '양'도 중요하지만 더욱 중요한 것은 '질'이다. 이번 대책은 양도 부족하고 질도 형편없다. 애초에 노동계 인사를 제외하고 정부부처관계자와 경제단체장만 참석해서 논의 된 대책에서 제대로 된 해결책이 나올 리 만무하다. 이번 정부 들어 경제 문제를 해결하고자 나오는 대책들이 아무것도 안 하는 것보다 못한 경우가 많다는 생각이 든다.

'닭이 먼저냐 알이 먼저냐'라는 논쟁은 불필요할 수도 있다. 하지만 더 이상 알을 낳지 않는 닭이 있다면, 좋은 사료를 계속 먹이며 기다릴 것이 아니라, 낳아 놓은 알을 잘 부화시켜 닭으로 키우는 방법이 현명하지 않을까. 대기업은 더 이상 알을 낳지 않고 있다.

장바구니를 부탁해!

최근 인터넷에서 화제가 된 사진이 뉴스에 소개됐다. 영국에서 2
시간 일하고 받은 최저임금, 우리 돈 23,000원으로 식료품을 산 결
과 사진이었다〈그림 3-3〉. 돼지고기 4인분, 딸기, 토마토, 버섯, 맥주,
우유 등 다양하게 살 수 있었다. 반면 우리나라의 최저임금 2시간치
인 11,160원으로 마트에서 산 식료품은 돼지고기 1인분, 라면, 바나
나, 감자, 물 정도가 전부였다.

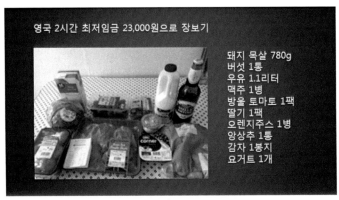

영국 2시간 최저임금 23,000원으로 장보기

돼지 목살 780g
버섯 1통
우유 1.1리터
맥주 1병
방울 토마토 1팩
딸기 1팩
오렌지주스 1병
양상추 1통
감자 1봉지
요거트 1개

〈그림 3-3〉

다른 OECD 국가 네티즌이 보내준 최저임금 장바구니와 비교해 보았을 때도 장바구니가 빈약하기 그지없다. 물가가 우리나라보다 비싼 나라도, 최저임금이 우리나라보다 낮은 나라도 더 풍성하게 식료품을 살 수 있었다.

우리나라 전체 노동자는 1,800만 명으로 추산되고 있다. 이들 중 최서임금에 미달하는 임금을 지급 받는 노동자는 230만 명(김유선, 한국노동사회연구소, 2014) 수준으로 전체 노동자의 12.6%에 달하며, 최저임금 언저리에 있는 노동자는 600~700만 명으로, 이 둘을 합치면 전체 노동자의 반에 해당한다. 우리나라의 최저임금의 결정이 그만큼 중요한 이유이다.

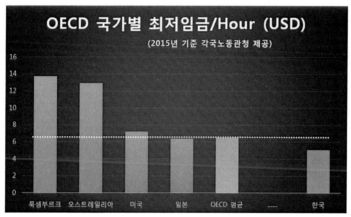

〈그림 3-4〉 자료: 각국 노동관청

〈그림 3-4〉에서 2015년 시간당 최저임금을 단순비교해보면 한국은 5.07달러(1,100원 환율 기준)로 15위 수준이다. OECD 34개국 중 최

저임금을 법으로 규제하고 있는 국가 26개국 중 15위다. 룩셈부르크가 13.7달러로 1위, 오스트레일리아가 12.92달러로 2위이다. 미국은 연방최저임금으로 7.25달러를 규정해놓고 있고, 일본은 지역별로 오키나와 현은 5.5달러, 도쿄는 7.24 달러로 분포되어 중위값은 6.37 달러 정도이다. OECD 평균은 6.5달러로 집계됐다. 우리나라의 경우 OECD 평균에 못 미치는 최저임금 수준을 나타내고 있다.

최저임금을 법으로 정해놓지 않은 덴마크, 노르웨이, 아이슬란드, 오스트리아, 스위스, 스웨덴, 이탈리아, 핀란드의 8개 OECD 회원국을 포함하면 한국의 순위는 더 낮아진다. 이 8개국은 노사가 단체협약을 통해 자율적으로 최저임금을 정하는데, 자율적으로 정한 최저임금 수준이 OECD 평균 이상이다. 2015년 스웨덴 레스토랑 노동자의 시간당 최저임금은 14.28달러이고, 노르웨이 청소노동자의 경우는 약 20달러이다. 이들 8개국을 포함하면 한국의 시간당 최저임금은 34개국 중 20위 밖으로 밀려나 하위권에 해당한다.

'참깨빵 위에 순쇠고기 패티 두 장,
특별한 소스, 양상추, 치즈, 피클 양파까지~♪'
먹고 싶으면 44분 동안 일하세요

　달러로 환산한 최저임금의 비교는 물가를 반영할 수 없는 한계가 있다. 각국의 물가를 감안한 실질소득과 생활수준까지 살펴볼 수 있는 지표로 빅맥(Big Mac)지수를 비교하기도 한다. 빅맥지수는 세계적으로 품질, 크기, 재료가 표준화되어 있는 빅맥 햄버거가격을 비교함으로써 각국의 통화가치를 알아볼 수 있다.

〈그림 3-5〉 자료: 각국 노동관청

〈그림 3-5〉는 빅맥 햄버거 1개를 사기 위하여 각국의 최저임금을 기준으로 일해야 하는 시간을 나타낸다. 최저임금이 가장 많았던 오스트레일리아는 빅맥 한 개를 사는 데 19분만 일하면 되는 반면 우리나라의 경우 44분을 일해야 한다. 조사 대상국 16개국 중에 13위로 평균 33분에 비해 14분을 더 일해야 한다.

　빅맥 한 개를 사먹기 위해 14분을 더 일하는 것은 큰 문제가 되지 않는다. 하지만 그 돈을 모아서 집을 사고 차를 사려면 이야기는 달라진다.

　최저임금수준의 소득을 받는 우리나라의 900만 명의 국민이 집을 사려면 얼마나 걸릴까? 3억짜리 아파트 기준으로 몇 년을 저축해야 내 집을 마련할 수 있는지 계산해보자.

> 1) 최저시급 5,580원 X 하루 10시간 X 매월 20일 근무
>
> 　　　　　　　X 12개월 = 연봉 1,339만 원
>
> 2) 3억 원 / 1,339만 원 = 22.4년

　한 푼도 쓰지 않고 저축하면 22.4년이 걸린다. 한 푼도 쓰지 않고 살 수는 없으니 반만 생활비로 쓰고 반은 저축한다면 44.8년이 걸린다. 20살에 아르바이트를 하면 환갑을 지나 64.8세가 되어야 3억짜리 아파트를 살 수 있다. 물가상승률과 최저임금인상률을 포함하지 않았기 때문에 실제는 차이가 있지만 한숨만 나오는 결과인 것은 변함이 없다.

쿨 하게 내 집 마련은 포기한다고 치자! 결혼을 위해 1억의 전세 비용을 얻어야 한다면, 한 푼도 쓰지 않고 7년이 걸리고, 반을 저축한다면 15년이 걸린다. 25살에 아르바이트를 시작했다면 40살이다. 결혼이 늦어질 수밖에 없는 이유다. 아이를 낳고 키운다는 것은 상상도 못하는 일이다. 각자 맞벌이를 한다 해도 힘든 상황에서, 아이를 출산하고 외벌이로 전환한다면 이는 매우 큰 충격이기 때문에 출산에 대한 제도적 장치가 빈약한 우리 사회에서 아이를 낳는 것은 매우 큰 리스크인 셈이다.

얼마 전 7월 9일, 최저임금위원회에서 2016년의 최저임금을 결정했다. 사용자측은 동결을 주장하다 30원 올린 5,610원을 제시했고, 1만 원을 주장하던 노동자 측은 8,400원으로 낮춰 제시했다. 결국 노동계의 합의 없이, 내년 최저임금은 6,030원으로 결정되었고, 우리는 이제 빅맥 햄버거를 사 먹기 위해서 41분을 일해야 한다. 조사대상국 평균 33분은 아직 멀었다.

사람에 대한 복지가 예산 낭비라고 생각하는 정부라면 적어도 기업의 최저임금은 사람답게 살 수 있을 정도는 올려줘야 내 집 마련, 결혼, 육아 등의 문제가 조금이나마 해결될 수 있을 것이다.

토사노팽兎死勞烹,
토끼를 잡으면 노동자는 삶아 먹는다

그렇게 시끄러웠던 쌍용차 문제가 명확히 해결도 되지 않은 채 언제부터인가 수면 아래로 들어가 버렸다. 노동자라면 자신에게도 충분히 있을 수 있는 일이라 생각하고 동료들과 같이 고민하고 이를 공론화할 만도 한데, 그렇게 전개되지 못한 것이다. MB정부 이후 지금까지 이런 문제에 대해 거론하는 것 자체를 금기시하는 사회 분위기가 참 씁쓸하고 안타깝다. 쌍용차 문제는 기업 환경이나 경영 원리 등 여러 문제가 복합적으로 얽혀 있는 동시에 회계적인 측면에서도 어처구니없는 비리를 드러낸 문제였다. 숫자 놀음으로 쌍용차 노동자 27명이 목숨을 잃었고, 수백 명 가장의 일자리가 사라진 것이다.

이에 대해 좀 더 자세히 설명해 보자면, 회사에 전문경영인(CEO)이 새로 들어온다고 가정하자. 이 CEO는 이전의 CEO보다 실적이 좋아져야 한다는 압박이 클 것이다. 그렇기 때문에 전임 CEO에게 최대한 손실을 크게 잡도록 지시한다. 신임 CEO의 취임 전에 재무제표상 손실이 커지면 커질수록 신임 CEO는 부담이 줄어든다. 조금의 이익을 내더라도 전년 대비 이익이 커 보일 것이기 때문이다. 쌍용차가 딱 그 상황이었다. 전임 CEO의 경영 실적을 낮게 평가함으로써 신임 CEO가 별 성과를 만들지 못했는데도 이전보다 훨씬 좋아진 것처럼 보이게 한 것이다. 이런 것을 빅 배스(Big Bath)라고 한다.

빅 배스란 목욕을 해서 때를 씻어낸다는 뜻으로, 회사들이 과거의 부실 요소를 한 회계년도에 모두 반영하여 손실이나 이익 규모를 있는 그대로 회계장부에 드러내는 것을 말한다. 장부를 조작하여 이익 규모를 부풀리는 분식회계 (window dressing)와 대비되는 개념이다. 이러한 빅 배스는 과오를 과거의 CEO에게 모두 돌리고 향후의 실적 향상과 같은 긍정적인 요소는 신임 CEO에게 돌릴 수 있기 때문에 흔히 회사의 CEO가 교체되는 시기에 종종 행해진다.

출처: 한경 경제용어사전

이는 일종의 회계 조작이다. 그러나 분식회계와 다른 점은 분식회계는 이익을 부풀려 마치 사업이 잘되는 것처럼 보이고 싶어 하는데 반해, 빅 배스는 손실을 늘려 회사가 어려운 것처럼 보이게 하는 것이다. 웃기는 것은 분식회계는 심각하게 생각하면서 빅 배스에 대해서는 별로 심각하게 생각하지 않는 분위기이다. 국내에서 분식회계로 처벌 받는 경우는 봤어도 빅 배스로 인해 처벌 받는 사례를

본 적이 없을 것이다. 그럼 그렇게 묵과되던 빅 배스가 왜 쌍용차 문제를 일으키는 기폭제가 되었는지 살펴보자.

쌍용차를 인수한 상하이자동차에서 쌍용차에 투자는 하지 않고 기술만 빼가는 행태를 벌였고 결국 쌍용차의 경영난이 왔다. 이후 중국은 쌍용차에서 발을 뺐고 이를 인도의 마힌드라 그룹이 인수하게 되었다. 경영자가 바뀌게 된 것이다. 인수자 마힌드라 그룹 입장에서도, 이익을 극대화하고 재무제표상 성적표가 좋게 나와야 주가가 상승하니 당연히 구조조정이 필요했다. 구조조정은 재무제표상 비용을 줄일 수 있는 가장 단순한 방법이다. 그러나 구조조정의 명분이 없었다. 그래서 유형자산 손상차손이라는 회계항목을 과대게상하게 된다.

유형자산 손상차손이란 쉽게 말해 회사의 자산으로 잡혀있는 항목들을 매년 점검하여 가치를 매기는데 이게 감가상각 후의 잔존가액보다 낮으면 그 차액을 비용으로 계상하여 회사의 이익에서 차감하는 형태를 말한다. 그래서 제조업 라인이나 장비 노후화가 빨라지면 계획했던 교체시기가 빨라져야 하기 때문에 그 가치를 매년 실사를 통해 조사하게 된다.

예를 들어 한 기업이 설비를 증설하여 생산량을 늘릴 계획을 세웠다. 그래서 이것에 대한 비용을 처리하기 위해 감가상각을 하게 되는데 설비가격을 내용연수(5년 가정)로 나눠 매년 비용을 차감(정액법의 경우)하게 된다. 그런데 2년 후에 기계가 생산에 차질이 생길 만큼 손상이 생긴 것이다. 그래서 5년까지 유지하기가 어려울 것으로 보여 시장에 중고로 팔면 시장가치가 어떻게 되는지 알아보았다. 그래서 이 시장가치를 반영하게 되면 장부상 가치를 수정하고 여기에 대한 차액만큼 비용으로 처리하여 재무제표상에 반영하는 것이다.

그런데 여기에는 맹점이 있다. 이 기계가 얼마나 더 생산할 수 있는지, 현재 가치가 어느 정도인지 누가 어떻게 평가할까? 그리고 평가한다 하더라도 객관성이 있을까? 그래서 꼼수를 쓰는 것이다. 멀쩡한 기계를 거의 못 쓰는 고철 값으로 만들어 장부가격에 반영을 하면 당기 순손실은 커지기 때문에 전임 CEO 임기 중에 이러한 것들을 반영하게 되면 이미 손실이 계상되었기 때문에 신임 CEO가 취임한 후에는 더 이상 손실을 계상하지 않아도 되므로 가만있어도 전년대비 수익이 증가한 것처럼 보이는 것이다.

좀 더 자세히 들어가서, 만약 이렇게 유형자산 손상차손을 올해에 반영하게 되면 내년에는 감가상각이 줄어들게 되어 비용으로 처리되는 게 축소되고, 전년과 큰 차이가 나지 않는 매출액임에도 불구하고 비용이 줄었기 때문에 이익이 더 많이 나는 것처럼 보이게 된다. 그래서 전임 CEO 때 유형자산 손상차손을 과대 계상하여 재무제표상 손해가 막심하게 나온 것처럼 만드는 것이다. 그렇게 되면 현재 회사의 상황이 매우 좋지 않은 것처럼 보이고, 이는 노동자의 구조조정 구실이 된다. 구조조정까지 마치면 다음해에는 전년도에 비해 높은 이익을 낸 것처럼 보이게 되므로 신임 CEO는 쌍용차를 구한 영웅이 되며 주주들에게는 주가상승이라는 행복을 가져다주는 것이다.

하지만 경영자의 부도덕함이 이렇게 많은 사람들을 죽일 수 있게 되는 것이다. 회계의 숫자 놀음이 가끔 천박하게 느껴질 때가 이럴 때이다. 자본주의를 너무 좋아하여 사람도 몰라보는 짐승 같은 놈들이 여기저기 기업에서 칼을 휘둘러서 노동자들을 자르고 있는 것이다. 독자들 중에 기업에서 일하는 노동자라면 모두 다 고민해 봐야 하는 상황이다. 법적으로 문제된 적이 없기 때문에 기업주나 경영인 입장에서는 더 많은 이익을 내기 위해 언제든지 손쉽게 저지를 수 있는 '짓'이니 말이다. 주가가 폭락한 기업에는 구조조정이 호재가 되어 주가가 급등하는 경우도 있으니 주식 투자자들 입장에서도 환호할 만한 일이다. 피를 흘려야 하는 것은 오직 노동자뿐이다.

이규석 작가의 웹툰 〈송곳〉을 보면 기업의 과장, 부장도 노동자이면서 직급이 낮은 노동자를 압박하고, 거기다 경영자의 부당한 해고 지시도 충실히 이행하는 모습이 나온다. 본인의 자리를 지키기 위해 경영자의 충실한 개가 되어 경영자들을 대신해 노동자들을 억압하는 역할을 하는 것이다. 하지만 그들이 잊지 말아야 하는 것은 그들 역시 노동자라는 점이다.

토사구팽兎死狗烹이라는 한자성어가 떠오른다. 열심히 토끼 사냥을 하던 사냥개를 사냥 후에는 삶아 먹는다는 뜻이다. 사냥개는 아마 열심히 토끼를 잡는다면 주인에게 사랑받을 수 있으리라 확신했을 것이다. 그러나 아무리 많은 토끼를 잡아와도 주인에게 사냥개는 그냥 개일 뿐이다.

천박한 자본주의 논리는 부도덕한 권력을 극대화시킨다. 부의 양극화뿐만 아니라 권력의 양극화도 심화시킨다. 약자를 위한 법은 없고 약자를 착취하는 법만 남는다. 쌍용차 문제는 근로자에 대한 핍박 그 자체이고, 여기서 자유로울 수 있는 국민은 별로 없을 것이다. 이런 사회 문제가 해결되지 않는 이상 통계상의 경제 성장률 수치는 높일 수 있을지 몰라도 실물경제가 살아나는 것은 불가능할 것이다.

경제 성장률은 평균의 의미인 것이지만, 실물경제는 대다수 국민의 원활한 소비가 이루어지고 건전한 투자 행위가 이루어져야만 올라가는 것이기 때문이다. 부의 대부분은 재벌이 가져가게 해놓고, 돈 없어 대출받아 힘들어 하는 사람들에게 돈 내놓으라고 하는 것은 마른 수건 짜며 먼지만 나는데 물 안 나온다고 때 쓰는 것밖에 되지 않는다. 약자를 압박하여 부를 다 빼앗아가는 시스템을 고칠 생각은 하지 않고 서민들에게 무작정 소비와 투자만 강요하는 정부가 참 한심하다.

한국의 젊은이들은 희망이 없다. 희망을 찾기가 너무 어려운 사회 속에서 살고 있으니 당연하다. 부와 권력의 편중이 심화되고, 성공과 안정된 삶으로의 진입은 그 장벽이 너무 높다. 보이지 않는 계급이 생겨나고, 그 테두리는 시간이 갈수록 명확해지고 있는 나라에서 어떻게 희망을 찾을 수 있을까? 노무현 대통령이 연설에서 언급했던 것처럼 그저 밥이나 먹고 살려면 어떤 부정이 저질러져도, 어떤 불의가 눈앞에서 벌어지고 있어도 모른 척하고 고개 숙이며 외면해야 하는 시대 속에서 살아가고 있는 우리 모두의 삶이 참 서글프다.

지니계수만 가린다고
문제가 해결되니?

지난 2008년 2월 BBC가 37개국을 대상으로 실시한 여론조사에서는 지난 수년간의 경제발전이 공평하게 공유되지 않았다는 견해에 한국 참여자의 80% 이상이 동의한 바 있다. 그런데 소득불평등을 알 수 있는 지니계수는 한국이 OECD평균보다 양호한 편으로 나온다. 통계청의 통계와 국민들이 바라보는 시각의 차이는 왜 이렇게 크게 나타날까? 미국과 중국에도 경제지표에 대한 마사지 음모론[50]이 종종 대두된다. 특히 중국의 경제지표는 믿을 게 못 된다는 것이 투자자들의 공공연한 인식이다. 우리나라도 언제부턴가 통계청 자료를 신뢰하기 힘들다는 여론이 가끔 나오고 있다. 그 중 대표적인 것이 앞에서 살펴본 실업률과 여기서 다룰 소득불평등을 나타내는 지니계수이다.

2013년에 '국가통계 수치가 청와대의 압력으로 발표되지 못했다'

---

50) 경제지표 등의 통계를 의도하는 방향으로 조작한다는 음모론.

는 의혹이 제기되었다. 통계청은 사회 불평등 정도를 더욱 정확하게 보여주는 '새 지니계수'를 개발했으나, 청와대 경제수석실이 2012년 12월 대선 직전, 대통령 선거에 악영향을 줄 수 있다는 이유로 발표하지 못하게 했다는 논란이 일었다. 한 관계자는 '통계청 자료가 청와대에 사전 누출되는 일이 드물었는데, 지난 정부(MB정부)에서는 그런 느낌이 많이 들었다.'라고 언급했다.

국가의 통계는 사회 현상을 분석할 수 있는 가장 객관적이고 정확한 데이터로서 국가정책의 중요한 결정기준이 될 수 있으므로 통계의 작성과 보급은 정확성과 중립성을 동시에 갖추어야 한다. 선진국들은 통계청의 독립성을 확보하기 위해 다양한 장치를 두고 있다.

독립성이 가장 크다는 평가를 받는 캐나다 통계청의 경우, 차관급인 캐나다 통계청장은 통계청의 예산 편성권과 재분배 권한을 갖고 있으며, 국무회의에도 참석해 각 부처의 통계수요를 점검할 수 있다. 또한 청장의 임명권은 총리가 하지만 보고는 산업부 장관에게 함으로써 통계의 독립성을 높이고 있다.

미국의 경우는 연방통계시스템의 총괄업무 및 정책지시를 담당하는 기관을 대통령실 내 예산관리처에 마련해 타 기관의 영향력이 차단되도록 하고 있으며, 호주의 경우 통계청장의 임기를 7년으로 규정하여 독립성을 확보하는 수단으로 활용하고 있다.

우리나라의 경우 인구대비 통계인력은 캐나다의 7% 수준이고, 통계 관련 예산은 2010년 기준으로 미국의 통계 관련 예산의 4%에 불과하다. 이는 통계에 대한 중요성을 못 느끼고 있거나 제대로 된 통계를 내고 싶지 않은 어떤 불편한 점이 있다는 것이다. 서민 경제가 좋아졌다는 정부의 목소리는 높은데 이를 제대로 평가하기 위하여 필요한 통계인력을 편성하는 데에는 인색하다.

특이한 점은 통계자료가 발표되기 전, 관계 부처에 통계자료를 사전에 제출하거나 사전 협의가 되지 않도록 여러 장치를 두고 있는 통계 선진국과 대조적으로 우리나라는 그렇게 하지 않고 있다. 오히려 공공연하게 사전 제출과 사전 협의가 이루어지고 있다. 논란이 되었던 새 지니계수 미발표 건 또한 만약에 정부의 개입이 있었다면, 통계청의 독립성을 제한한 경우라고 볼 수 있다.

1991년부터 현재까지 무려 15명의 통계청장이 임명되었는데 이들의 평균 재직기간은 1년 7개월 정도에 불과하다. 통계청장의 임기가 정권의 변화에 영향을 받기 때문에 외압에 관한 여러 의혹을 받을 수밖에 없다. 2013년에 통계청의 독립성 강화를 위해 통계청장의 임기를 4년으로 규정하고, 통계 공표 전 업무협의를 금지하며, 위반 시 처벌규정까지 포함된 내용으로 하는 통계법 개정안을 몇 차례 발의하였으나 현재 여전히 국회에 계류 중이다.

지니계수를 알아보자.araboza

그렇다면 지니계수(Gini coefficient)가 무엇이기에 통계청의 외압 논란까지 제기되고, 국정감사[51]-2013년 국정감사에 전·현직 통계청장이 출석하여 새 지니계수 공표에 관한 답변을 해야 했다-에서도 언급되는 걸까.

〈그림 3-6〉

---

51) 행정부의 국정 수행이나 예산 집행 등 국정 전반에 관해 상임위원회별로 법정된 기관에 대해 실시하는 감사.

지니계수는 이탈리아의 통계학자 지니(Corrado Gini)가 소득분포에 관해 제시한 '지니의 법칙'에서 나온 개념이다. 경제적으로 완전 평등한 상태인 '0'과 완전 불평등한 상태인 '1' 사이의 수치로, 사회의 분배 수준과 소득불평등 정도를 보여주는 지표다. 일반적으로 0.4를 초과하면 소득불평등의 정도가 심한 것으로 본다.

지니계수를 산출하기 위해서는 소득분배곡선인 로렌츠곡선에 대한 이해가 필요하다. 로렌츠곡선은 미국의 통계학자 로렌츠(M.O. Lorenz)가 창안한 것으로 소득분포를 나타낸 그래프에서 소득의 불균등을 나타내는 곡선이다. 여기에 45°인 가상 균등분포선을 긋고 균등분포선과 가로, 세로축이 이루는 삼각형의 면적과 균등분포선과 로렌츠곡선 사이의 면적의 비율로 구한다. 위의 설명을 세 번 정도 읽어도 이해가 안 되시는 독자 여러분들은 지극히 정상이므로 걱정하지 마시길 바란다.

간단한 사례로 다시 설명하면, 이 세상에 엘프, 호빗, 드워프 세 종족이 살고 있다고 하자. 각 종족의 인구수는 10명으로 동일하고, 화폐는 모두 골드(G)를 사용한다고 가정해보자. 엘프족은 10명 모두 소득이 10G(골드)로 동일하다. 호빗족은 소득의 순서대로 0G, 1G, 3G, 5G, 7G, 10G, 13G, 16G, 20G, 25G로 소득이 분포되어 있다. 욕심이 많은 드워프족은 드워프 왕이 100G를 가져가고 나머지 9명의 드워프는 소득이 0G인 노예다. 각 종족의 전체 소득의 합은 100G로 동일하다. 즉 GDP가 100G이다. 세 종족의 소득분포를 정리하면 아래 표와 같다.

구분	1	2	3	4	5	6	7	8	9	10	합계
엘프	10G	10G	10G	10G	10G	10G	10G	10G	10G	10G	100G
호빗	0G	1G	3G	5G	7G	10G	13G	16G	20G	25G	100G
드워프	0G	0G	0G	0G	0G	0G	0G	0G	0G	100G	100G

각 종족의 구성원을 소득이 적은 순서대로 배열하여 그래프의
가로축을 누적 인원(%)로 두고, 세로축은 누적소득 비율(%)로 두어
각 종족의 각 인원의 누적소득을 점으로 표시하여 연결하면 〈그림
3-7〉과 같은 그래프가 그려진다.

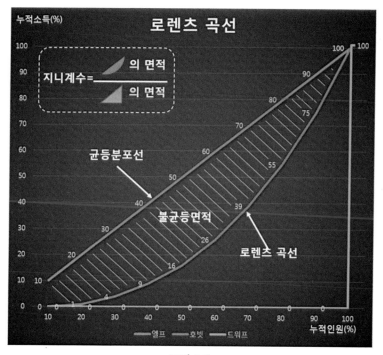

〈그림 3-7〉

소득이 10G로 균등한 분배가 이루어진 엘프족의 로렌츠곡선은 45°인 직선으로 그려지며, 균등분포선과 일치한다. 드워프 왕 혼자 전체 GDP를 차지하는 드워프족의 로렌츠곡선은 그래프의 가로축과 세로축 위에 직각 형태로 그려진다. 드워프족은 현실에서 북한과 거의 비슷하다. 소득불평등의 끝인 것이다. 호빗족의 로렌츠 곡선은 보통의 나라들처럼 다양한 소득 분포가 이루어져 균등분포선 아래에 활 모양의 곡선으로 나타난다.

이때 지니계수는 '균등분포선과 로렌츠곡선 사이의 면적' 나누기 '균등분포선과 가로축, 세로축으로 둘러싸인 직각삼각형의 면적'으로 구해진다. 엘프족은 균등분포선과 로렌츠곡선이 일치하여 불균등면적이 0이므로 지니계수는 0이 된다. 드워프족은 불균등면적이 직각삼각형의 면적과 일치하므로 지니계수는 1이 된다. 호빗족의 불균등면적은 2,250이고 직각삼각형의 면적은 5,000이므로 지니계수는 0.45가 된다. 호빗족의 소득불평등 수준은 2012년 기준 OECD 회원국 중 멕시코(0.457)과 비슷한 수준이라고 볼 수 있다.

논란이 된 2012년의 가계동향조사(표본수 8,700가구)를 토대로 산출한 우리나라의 지니계수는 0.307을 기록했다. OECD 회원국 평균치인 0.313 보다 낮은 수치로 비교적 평등한 분배가 이루어지는 국가인 것이다. 반면 발표되지 않은 가계금융복지조사(표본수 20,000가구)에서 집계된 새 지니계수는 0.357 이었다. 표본[52]수를 늘리고 고소

---

52) 모집단을 대표하는 집단으로 연구에 실제 참여하는 집단.

득층 가구의 소득치를 보정한 값으로, 상식적으로 더 정확한 수치
일 것 같은 새 지니계수는 한국이 OECD 회원국보다 사회 양극화
가 심각하다는 내용이었고, 대선 당시 발표되지 못했다. 이를 발표
했다면 이명박 정부시절 집권여당이었던 한나라당은 선거에서 타격
을 받을 수도 있었을 것이다.

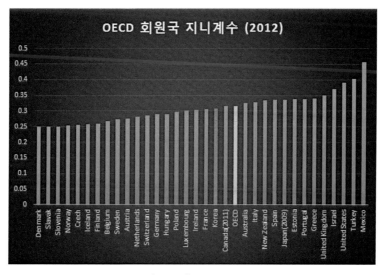

〈그림 3-8〉 자료: OECD.Stat

〈그림 3-8〉은 2012년 OECD 전체 회원국의 지니계수를 집계한 것
이다. 대한민국은 0.307로 34개국 중 19위를 기록했다. OECD 국가
평균치보다 조금 양호한, 중간 정도의 평등 분배 수준을 나타내었다.

우리나라 지니계수는 복지수준도 높고 최저 임금 수준도 높은 호
주나 뉴질랜드보다 더 소득불평등 수준이 낮게 나온다. 한때 지인

이 뉴질랜드나 호주로 이민 계획을 세웠었다. 워낙 다양한 레포츠를 좋아했던 지인이 뉴질랜드에서 카약을 탔었는데 너무 좋아서 잊혀지지가 않는다는 것이다. 그래서 "이민 가면 무슨 일을 해서 먹고 살 거냐? 가족도 있는데……"라고 물었더니 주유소에서 주유하는 일을 하더라도 4인 가족이 먹고 사는 데는 문제가 없더라는 것이다. 그리고 일과 이후나 주말에는 온 가족이 레포츠도 많이 즐기는 편이라는 말을 했다. 호주 또한 우리나라 사람들이 이민 가기 좋은 나라로 잘 알려져 있다. 그 이유는 다들 알다시피 최저임금이 굉장히 높고 복지가 잘 되어 있기 때문이다. 한 예로 호주에서 벽돌공의 임금이 조선일보 기사에 공개된 적이 있는데, 벽돌 한 개당 2호주달러씩 계산해서 쌓은 만큼 준다는 것이다. 만약 1000개 정도의 벽돌을 쌓았을 때 대략 180만원의 일당이 주어지는 것이다. 100개만 쌓아도 우리나라의 웬만한 일자리보다 일당이 높은 편이다. 그런 나라보다 우리나라의 소득불평등 수준이 낮다는 게 수긍하기 힘든 부분이다.

정부와 국민의 동상이몽同床異夢

한국의 실업률과 지니계수 같은 통계를 다른 나라와 비교해보면 이런 의구심이 들 때가 많다.

"대부분의 사람들이 직관적으로 받는 이질적인 느낌을 우리나라 통계청과 정부는 못 느끼는 걸가? 조사하기 귀찮아 직접 작성한 설문자료를 우리나라 통계로 내놓는 것은 아닐까?"

통계청 통계의 오차가 크면 클수록 통계자료를 바탕으로 결정되는 정부 정책은 자다가 남의 다리 긁을 확률도 높아진다. 사태를 잘못 파악하게 되는 셈이다.

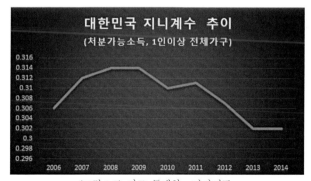

〈그림 3-9〉 자료: 통계청 e-나라지표

〈그림 3-9〉는 통계청이 발표한 우리나라 지니계수의 변동 추이를 나타낸다. 2008년 0.314를 고점으로 최근 6년간 꾸준히 감소하고 있다. 2014년에는 0.302로 나타났다. 점점 더 평등한 분배가 이루어지고 있다는 의미이다. 정부가 통계를 바탕으로 한국 사회가 평등한 분배가 이루어지고 있다고 판단한다면 분배보다 성장을 정책의 우선순위로 두게 된다. 그것이 정부의 친親 기업 정책의 당위성을 마련해준 측면도 있다.

만약 지금 논란이 되고 있는 지니계수를 좀 더 객관적인 입장에서 조사하여 현재 국민이 체감하고 있는 소득불평등과의 차이를 줄인다면 정부는 '한국은 비교적 빈부 격차가 심한 나라'라고 판단해야 할 것이고, 정책적으로 성장 중심에서 부의 재분배, 즉 복지 중심의 정책으로 방향을 바꾸어야 한다. 대기업 위주의 성장을 외칠 명분이 없어지는 것이다.

0.1~0.2라는 숫자에 불과한 지니계수의 차이가 성장과 분배라는 정부 경제 정책의 방향을 결정하는 중요한 역할을 하기 때문에 통계청의 역할과 그 독립성이 중요시되는 이유이다.

기존 지니계수의 한계를 보완하기 위해 만들었으나 논란만 되고 발표되지 못한 새 지니계수(0.357)로 OECD 회원국과 비교한 결과 우리나라의 순위는 34개국 중 29위로 떨어지게 된다. 사회 양극화 현상이 OECD 회원국 대비 상대적으로 심각한 수준이라는 의미의 결과다.

몇몇 경제 전문가들은 오래전부터 지니계수를 비롯한 우리나라의 분배 지표가 경제 현실을 제대로 반영하지 못한다고 지적해왔다. 이러한 문제 제기에 대해 통계청은 '지니계수가 국제기준에 부합되도록 작성되고 있다'며 문제가 없다는 입장이다.

김낙년 동국대 경제학과 교수는 "통계청이 지니계수를 OECD 방식으로 구한 것은 당연한 것이다. 문제는 지니계수 계산에 이용되는 가계조사 자체의 품질이 떨어진다는 것이다. 그 이유는 통계청이 가계조사를 할 때 소득의 누락이나 과소 보고를 제대로 체크하지 못하고 있기 때문이다."라고 반론했다.

실제로 고소득자가 통계청에서 가계조사를 나오면 본인 스스로 돈을 많이 번다고 흔쾌히 응답할 사람이 있을까? 대기업 임원 집에 가계 동향 조사원이 방문했다면 문은 열어줄까? 보안 시설로 막혀 있는, 서울에서 가장 비싼 고급 아파트에는 들어나 갈 수 있을까? 혹여 조사원이 들어갈 수 있다 치더라도 그 사람들이 본인의 정확한 수입을 그대로 공개할 수 있을까? 소득 신고 금액만이라도 공개했다면 다행이다.

통계청이 발표하는 지니계수는 앞서 살펴본 것처럼 개별 가구의 설문조사인 '가계 동향 조사'에 기반을 둔다. 표본 규모는 대략 1만여 가구인데 이중 농가 2,800가구를 제외한 8,700가구로, 이들이 충실하게 자신의 소득을 공개했다는 전제하에 지니계수를 산출한다. 단, 표본 가구에서 소득을 제대로 보고하지 않았다면 이를 바탕으로 산출된 지니계수의 신뢰성도 떨어지게 된다. 앞에서 살펴본 지니계수의 산출 과정을 다시 한 번 떠올려보자. 상위 10%의 고소득자가 전체소득의 반 정도를 차지하는 우리나라에서, 고소득계층의 소득 분포가 제대로 반영되지 않는다면 지니계수는 무의미한 숫자일 뿐이다. 그 사회의 소득불평등 정도를 전혀 대변하지 못한다. 극단적인 경우로 앞에서 예로 들었던 드워프족에서 소득이 100골드였던 드워프왕의 소득이 조사에서 제외되었다면, 1이었던 드워프족의 지니계수는 0.0으로 왜곡된다.

김 교수는 "가계조사에서 파악된 금융소득[53]은 전체의 5%밖에 되지 않는다. 그리고 가계조사와 국세청 소득세 자료의 소득 분포를 비교해 보면 소득이 높을수록 가계조사의 파악률이 떨어져 연소득 2억 원이 조금 넘는 가구는 아예 없다."고 전했다. 김 교수의 최근 연구에서 3,122만 명의 국세청 소득 자료를 바탕으로 산출한 지니계수는 0.4를 초과하는 결과를 나타냈다. 해당 논문은 공신력을 인정받아 파리 경제대학의 "세계 상위 소득 데이터베이스"에 등록되었다. 그러나 국내 학계는 김 교수의 주장은 자의적이며 신뢰할 수 없다고 반박해왔다.

성태윤 연세대 경제학부 교수는 "기존 가계 동향 조사는 고소득층이 표본에서 빠져 지니계수가 너무 낮게 나오는 단점이 있다. 이 때문에 표본 수를 늘릴수록 소득불평등이 심해지는 웃지 못 할 결과가 나온다."고 지적했다.

---

53) 예금 등의 이자, 국공채, 금융채, 회사채 등에서 발생한 이자 및 할인액, 상장·비상장주식 및 출자금에서 발생한 배당소득.

소득불평등에 관한 통계 지표가 체감 소득 분배 수준과 차이가 있다는 것은 다른 통계지표들과의 관계에서도 나타난다. 최근 OECD에서 발표한 「OECD 국가 소득분배와 빈곤의 불균형 심화」 보고서에서는 우리나라의 65세 이상 노인 빈곤율이 49.6%로 회원국 중에서 압도적인 1위를 기록했다〈그림 3-10〉. 일반적으로 소득격차가 심한 국가일수록 상대적 빈곤이 더 높다. OECD 국가 평균의 4배에 달하는 노인 빈곤율(상대적 빈곤 지표 중 하나)과 평균 수준인 지니계수(소득격차) 간의 괴리를 설득력 있게 설명할 수 있는 방법은 많지 않을 것이다.

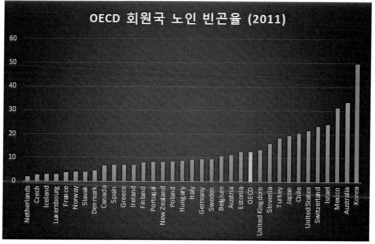

〈그림 3-10〉 자료: OECD.Stat

한국보건사회연구원의 남상호 사회보장연구실 연구위원은 최근에 발표된 2014년 가계금융복지조사 자료를 이용하여 우리나라 가계소득 및 자산분포의 특징에 관한 보고서를 발간했다. 가계금융복지조사는 앞서 언급한 것처럼 통계청이 금융감독원 및 한국은행과 공동으로 전국의 2만 표본 가구를 대상으로 실시한다.

　동 보고서에서 산출한 지니계수는 0.4259로 산출되었으며 이는 멕시코 다음으로 소득불평등이 심각한 수준임을 의미한다. 주의 깊게 볼 내용은 가처분소득의 분포 외에도 자산 분포에 대한 불평등을 조사하였는데, 순자산(net worth)의 지니계수는 0.6014로 나타나서 자산이 소득보다 더 불평등하게 분포(자산별로는 금융자산의 지니계수는 0.5839, 부동산자산의 지니계수는 0.6608)하는 것으로 나타났다. 소득이 불평등하게 분배되는 것도 문제이지만, 이미 가지고 있는 금융자산이나 부동산자산은 불평등의 정도가 더 심각하다는 의미이다. 김낙년 교수의 국세청 소득 자료를 바탕으로 산출한 지니계수와도 크게 다르지 않다.

고장난 나침반의 바늘은
흔들리지 않는다

　지금까지 지니계수를 통한 우리나라의 소득불평등 수준을 짐작해보았다. 필자는 지금 우리나라의 소득불평등 수준이 '심각하다', '심각하지 않다'라는 판단을 강요하고 있는 것이 아니다. 정확하게 어느 정도인지 아는 것이 중요하다는 말하고 싶을 뿐이다. 우리가 체감하는 정도와 통계 지표가 다르다면 더 정확한 지표를 산출하려는 노력이 필요하다. 병원에서 잘못된 진단은 잘못된 처치를 초래하듯이 국가 경제의 지표가 잘못 집계되면, 정책 역시 잘못된 방향으로 갈 가능성이 높다.

　다시 원점으로 돌아가서 그렇다면 왜 경제적 불평등이 중요할까? 다음과 같은 주장이 제기될 수도 있다.

　"그렇다면 소득 분배가 완벽히 공평하게 이루어지는 사회는 바람직한가. 다른 사람보다 더 열심히 일하는 자나, 재능이 뛰어난 자가 더 많이 버는 것은 당연한 일이다."

　소득불평등에 관한 연구는 꾸준히 이루어져 왔다. 소득불평등이 경쟁과 인센티브를 자극하기 때문에 경제성장에 긍정적인 영향을 준다는 입장부터, 소득불평등은 경제의 성장 잠재력을 낮추고, 세계적으로 반복되는 경제위기의 원인이 된다는 입장까지 다양하다.

중앙대학교 사회학과 황선재 교수의 연구「불평등과 사회적 위험: 건강·사회문제지수를 중심으로」에 따르면, 최근에 이루어진 소득불평등에 관한 연구는 소득불평등이 대부분 경제성장에 부정적이거나 관계가 없는 것으로 나타나고 있다. 소득불평등이 경제성장에 긍정적인 영향을 미치는 것은 아니라는 뜻이다. 또한 소득불평등이 증가할수록 소득 하위 계층은 정치적 절차 및 과정에서 배제될 가능성이 높아지고 있음을 지적한다. 그리고 불평등은 사회구성원들 간의 유대를 약화시키고 자살률, 범죄율, 살인률, 정신질환과 같은 사회해체적인 증상은 증가하는 것으로 알려져 있다. 개인적으로 보더라도 소득의 격차 증가는 사회 구성원 간의 지위 경쟁을 심화시켜 불안, 우울, 스트레스, 자살, 비만 등의 병리현상을 심화시킨다.

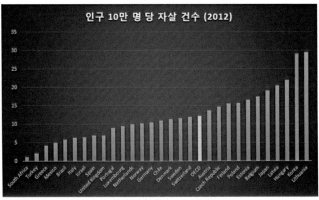

〈그림 3-11〉 자료: OECD.Stat

〈그림 3-11〉은 2012년 OECD 국가별 인구 10만 명당 자살 건수를 나타낸다. 대한민국은 OECD 평균 12.2명의 2.5배에 달하는 29.1명이 자살하는 것으로 나타났다. 자살률이 높다는 것이 소득이 불공평하게 분배된다는 것을 말하는 것은 아니지만, 청소년을 제외한 성인이 자살하는 주된 이유는 무엇일지 고민해 본다면 상당한 경우가 소득불평등과도 관계가 있다고 볼 수 있다.

〈그림 3-12〉 자료: 통계청

〈그림 3-12〉 소득 분위별 소비성향을 보면 소득 하위 20%인 1분위 계층은 처분가능소득의 104%를 소비하지만 소득 상위 20%인 5분위 계층은 처분가능소득의 61.6%만 소비한다. 쉽게 말해 없는 사람들은 번 돈보다 많은 돈을 빚내서 쓰고 있지만, 있는 사람들은 번 돈의 60% 정도만 쓰고 나머지는 저축한다는 말이다. 소득배율(소득 수준 상위 20%의 소득을 하위 20%의 소득으로 나눈 배율)로 살펴보자면 5분

위 계층은 1분위 계층보다 5.4배 많은 소득을 벌지만, 소비는 3.2배 만큼만 하는 것으로 나타났다(통계청 가계동향조사, 2014).

한 사회의 소득불평등 정도가 심할수록 소비는 위축될 수밖에 없는 결과를 낳는다. 고소득자가 저소득자보다 5배 많은 돈을 번다고 해서 5배 많이 먹지 않는 것과 같은 이치다. 부富가 특정 계층에 집중되고, 다시 소비되지 않는 현상은 그 사회의 소비위축으로 인한 경기침체를 필수적으로 초래한다. 이것은 반복되는 세계 경제 위기의 원인이 되기도 한다.

소득불평등이 야기하는 사회병폐현상과 소비위축으로 인한 경제 성장에 미치는 부정적 영향을 고려하면, 소득불평등 문제는 당연히 해소되어야 하고, 그 시작은 현재의 경제상황에 대한 정확한 진단으로부터 출발한다. 전문가들은 국세청 자료와 같이 전수 조사된 자료를 이용해 보완해야 한다고 입을 모은다. 유경준 한국개발연구원(KDI) 선임연구위원은 "국세청 국세 자료를 이용해 전체의 소득 분포 구조에 대한 보완이 필요한 시점이다."라고 주장했다.

정치적 이해관계로 국가 주요 통계를 조작하는 행위는 있을 수도 없고 있어서도 안 된다. 하지만 나라의 경제를 제대로 반영하지 못하는 통계 지표를 대체할 새 지표를 산출해 놓고서도, 자신들의 정치적 이익을 대변하는 기존의 지표를 고수하는 정부의 판단은 결과적으로 눈 가리고 아웅 하는 식이라 할 수 있다.

전 세계적으로 보수성향의 정부는 신자유주의[54]를 표방하며 성장 중심의 정책들로 국가를 경영하였다. 대표적으로 감세정책과 친기업 정책이 있다. 그 결과 금융위기라는 극단적 사태가 벌어졌다. 하지만 이런 위기를 겪지 않거나 위기를 겪고 나서 극복한 나라들은 부의 재분배를 강조하며 복지 정책을 확대한 국가들이다. 또한 경제 위기의 원인이었던 금융의 탐욕을 절제해야 한다는 목소리가 컸던 나라들이다. 이들이 그럴 수 있었던 것은 세계경제의 큰 패러다임[55]인 신자유주의의 부작용이 소득불평등에 의한 양극화 현상이라는 것을 정확히 인지하고 있었으며, 그래서 부의 쏠림현상을 보정하는 작업을 꾸준히 해왔기 때문이다.

남과 북을 가리키는 나침반의 바늘은 항상 움직이고 있다. 바늘이 항상 움직이고 있기에 우리는 나침반을 믿을 수 있다. 나침반 바늘의 미세한 떨림이 멈춘 채 고정되어 있으면 나침반은 고장난 것이다.

지니계수는 우리 사회의 부의 양극화를 알 수 있게 해주는 나침반과 같은 시그널이다. 우리나라의 소득불평등 수준은 늘 OECD 국가 평균보다 낮게 나왔고, 소득불평등이 심하지 않다고 자위해왔다. 그리고 지니계수가 우리 경제를 대변하지 못한다는 목소리를 묵살해왔다. 흔들리는 바늘을 용납하지 못한 것이다. 이는 고장난 나침반이다. 고장난 나침반이 가리키는 방향으로 계속 나아가는 것은

---

54) 국가 권력의 시장개입을 비판하고 시장의 기능과 민간의 자유로운 활동을 중시하는 이론
55) 어떤 한 시대 사람들의 견해나 사고, 사물을 근본적으로 규정하고 있는 테두리로서의 인식의 체계 또는 이론적 틀

매우 위험한 일이며 결국 큰 희생이 뒤따를 수밖에 없다.

서민이면 누구나 체감하는 소득불평등에 대한 불만을 통계자료가 막고 있어 정부의 불통을 야기하는 데 일조하는 것이다. 부채문제에서도 다루었듯이 통계자료라는 근거는 그럴싸한 객관적 자료로 포장되어 '우리나라는 아직 괜찮다'라는 주장을 뒷받침하고 있고, 정부로 하여금 하지 말아야 할 4대강 사업이나 자원 외교 등에 수십조 원을 쏟아붓게 하는 명분이 되었다.

결론적으로 우리나라 통계청의 지니계수와 서민이 체감하는 소득불평등의 격차를 좁히기 위해서는 현재의 소수 표본 집단 방문조사 방식을 버리고, 전수조사 방식의 채택으로 객관성을 높여야 한다. '21세기 자본론'의 저자 피케티가 전 국민의 소득세 납부 자료를 기준으로 소득을 측정했듯이 말이다.

이러한 방식은 비용이 현재보다 더 높아질 수도 있겠지만 그럴만한 가치가 있다. 경제에 별로 도움도 안 되는 SOC사업에 쏟아붓는 비용으로 봤을 때 조족지혈에도 미치지 못할 것이라 생각된다. 하지만 그 효과는 우리나라의 경제 현실을 객관적으로 직시하고, 이를 잘 반영한 정책을 펼 수 있다는 점에서 그 효과는 크다고 할 수 있다.

현실과 괴리가 있는 통계자료를 정치적 홍보 수단 또는 치부를 숨기기 위한 수단으로 활용하지 않기를 바란다.

돈과 은행의
출생의 비밀과 한계

오늘날 경제활동은 화폐를 통해 이루어진다. 경제의 위기를 논함에 있어서 화폐의 역사와 그 속성을 아는 것은 중요하다.

인류가 처음 화폐를 사용하기 시작한 시기는 자급자족 경제에서 교환 경제로의 발전이 시작되던 무렵이다. 자급자족에서 벗어나 잉여생산을 하기 시작한 인류는 그 생산물을 다른 것과 교환하는 물물교환을 시작했다. 자기의 물건을 주고 대신 다른 이의 물건을 얻는 물물교환을 통해 각자에게 부족한 물품들을 조달했다. 그러나 물물교환은 상대가 원하는 물건을 가지고 있지 않으면 거래가 이루어지지 않는다. 때문에 가볍고 휴대하기 쉬우면서 귀하게 여겼던 물품들이 화폐로 쓰이기 시작했다.

아스텍 문명[56]에서는 카카오가 화폐로 쓰였고, 고대 중국과 아프리카, 유럽 일부지역의 내륙지방에서는 작고 단단하면서 화려한 조

---

56) 13세기부터 에스파냐 침입 직전까지 멕시코 중앙고원에 발달한 인디오의 문명.

개껍질이 화폐가 되었다. 기원전 8세기 경 중국에서는 농기구를 모방한 포전과 청동칼을 닮은 도전이 오랜 기간 화폐로 사용되기도 했다. 캐서린 이글턴의 저서 〈화폐〉에서는 화폐의 시작을 다음과 같이 기록한다.

"인류가 거래 내용을 기록에 남기기 시작했을 때부터 화폐가 존재했다고 생각합니다. 고대 메소포타미아와 고대 이집트의 기록을 보면 돈 거래를 했다는 기록이 있습니다. 기원 전 1800년경에 만들어진 고대 바빌로니아의 함무라비 법전을 보면 돈을 주고받는 데 관한 규율이 나와 있습니다. 당시 이미 일종의 화폐가 널리 사용되었다는 것을 보여줍니다."

서양 최초의 금속화폐는 현재의 터키 서부지역에 위치했던 리디아인들이 사용했던 금, 은의 합금 주화이다. 자연에서 채취한 천연합금인 일렉트럼을 이용해서 주화를 제작하였다. 주화에는 사자나 양과 같은 동물 모양을 새겨 넣어 신뢰도를 높였다. 리디아의 마지막 왕인 크로이소스[57] 왕 시대에 이르러 화폐는 금화와 은화로 대체되었다. 크로이소스 왕의 개혁으로 세계 최초로 제국 통화가 확립된 것이다. 금과 은으로 만들어진 리디아의 주화는 소아시아 전역에서 널리 통용되었다. 많은 주변국들이 리디아의 금화와 은화를 본따서

---

57)   B.C. 6세기의 Lydia의 최후의 왕으로 큰 부자로 유명함.

주화를 만들기 시작했고, 로마시대에 이르러 서양에서 동전사용이 완전히 자리를 잡게 되었다.

17세기 초 무렵 영국에서 오늘날 은행권의 시초로 여겨지는 지폐가 등장했다. 이 지폐는 금세공업자들이 귀중품이나 금화를 보관해 주면서 영수증으로 써준 예치증서였다. 당시 금화나 귀중품을 도둑맞는 일이 잦았기 때문에 사람들은 보관료를 지불하고 금세공업자의 금고에 금화를 보관하기 시작했다. 최초의 금세공업자 은행은 금 예금자에게 이자를 준 것이 아니라 보관료를 받는 것이었다. 보관한 금화의 영수증으로 써준 지불요구수표는 금화보다 휴대하기 쉽고, 금액이 숫자로 쓰여 있어 일일이 금화를 셀 필요도 없었다. 필요하면 언제든지 금세공업자가 금화로 바꾸어 주었기 때문에 시중에서 금화처럼 통용되기 시작했다. 세월이 흘러 금세공업자는 한 가지 깨닫는 바가 있었다. 예금주들은 금화를 한 번에 다 빼러 오지 않는다는 사실이었다.

금세공업자는 금을 보관하면서 보관료도 받았지만 자신들이 가지고 있는 금화를 사람들에게 빌려주면서 이자도 받았다. 빌리는 사람들은 지불요구수표가 금화처럼 통용되자 금화 대신 편리한 수표로 지급해주길 요구했다. 산업이 성장하면서 금세공업자에게 대출을 받으려는 사람들은 점점 늘어났다. 대다수의 예금주들이 금화를 한번에 다 빼러 오지 않는다는 사실을 알았던 금세공업자는 사람들이 맡겨 놓은 금까지 대출을 해주기 시작했다. 기술 장인이었던 금세공업자가 은행업자로 변하게 된 것이다. 자신의 금화로 대출해줄 때보다 훨씬 더 많은 이익을 낼 수 있었다.

수년간 예금주들의 금화를 몰래 대출해줬던 금세공업자는 엄청난 이자수입을 벌게 되었고, 마을에서는 그가 예금주의 돈을 마음대로 쓴다는 소문이 돌았다. 화가 난 예금주들은 찾아가 자신들의 금화를 확인하길 원했다. 금세공업자의 발상대로 예금주들의 금화는 금고에 잘 보관되어 있었다. 예금주들은 금화를 빼가는 대신 금세공업자가 얻은 이자수익의 일부분을 배분해 줄 것을 요구했다. 보관료 수익과 대출수익을 동시에 먹었던 금세공업자 입장에서는 이전보다 손해라고 생각할 수 있지만 금세공업자 자신이 소유한 금만 빌려주다가 이제 예금한 금으로 더 많이 빌려줘 대출이자수익이 커지니 예금이자를 지불하고도 많이 남는 장사가 되었다. 아니 정확히 말해서 장사가 아닌 본격적인 은행산업의 시작이었다. 금융사기 같던 금세공업자들이 예금이자를 지급하는 합의에 의해 합법화된 산업으로 인정을 받는 계기가 되었다.

은행이 이익을 내는 방식은 예금주들에게 낮은 이자를, 대출자들에게는 높은 이자를 매기는 것이었다. 예금과 대출의 이자율 차이로 은행은 운영비와 수익을 낼 수 있었다. 그러나 이자를 나눠주고 남은 순수입에 만족할 수 없었던 은행업자는 때마침 무역과 식민지 개척 붐이 일어 대출수요가 크게 증가하자 금고 안의 예금주들의 금화보다 많은 수표를 대출하기 시작했다. 금고 안에 얼마의 금화가 있는지는 아무도 몰랐기 때문에 있지도 않은 금화를 마음대로 설정해 대출을 한 것이다. 이로써 은행업자는 있지도 않은 금화의 이자

수익으로 엄청난 부를 축적하게 된다.

그러나 마침내 천문학적인 대출 규모와 은행업자의 막대한 부의 축적은 사람들에게 의심의 빌미를 제공했다. 일부 대출자들은 수표 대신 금화로 달라고 요청하기 시작했고, 몇몇 예금주들은 그들의 금화를 다 빼가기 시작했다. 닫힌 은행 앞에는 수표를 든 고객이 거리에 넘쳤다. 은행업자는 모든 고객의 수표만큼 바꿔줄 금화를 갖고 있지 않았다. '뱅크런' 사태가 벌어진 것이다. 이 사태는 일개 은행의 파산에 그치지 않고, 모든 은행에 대한 신뢰를 훼손시켰다.

아무것도 없이 돈을 만들어 대출영업을 벌인 것은 불법행위였으나 당시 유럽의 상업 확장 정책의 성공에 반드시 막대한 대출 자금이 필요했다. 때문에 정부는 부분지급준비제도[58]로 이 같은 대출을 합법화했고, 은행업자들은 법 규제에 따라 가상의 돈을 만들어 대출을 하기로 동의했다. 대출의 제한 비율은 보유 금화가 1개 일 때 9개까지 가상의 돈을 만드는 것을 허용했다. 그리고 뱅크런 사태가 발생하면 정부의 중앙은행이 해당은행에 지원하여 위기를 수습하도록 했다. 물론 모든 은행에서 일제히 뱅크런 사태가 발생하면 모든 시스템은 완전히 붕괴되겠지만.

---

58) fractional-reserve banking, 예금액의 일부만 지급준비금으로 남겨두고 나머지는 대출하는 은행제도.

둥글게 둥글게~♪
빙글빙글 돌아가며 춤을 춥시다 ♬

　수세기가 지난 오늘날의 은행도 크게 다르지 않다. 우리나라의 경우 법정 지급준비율은 예금 종류에 따라 장기주택마련저축, 재형저축은 0%, 정기예금, 정기적금, 상호부금, 주택부금, 양도성예금증서는 2.0%, 기타예금에 대하여는 7.0%를 적용하고 있다.(2015년 4월 현재 기준) 은행의 각 상품 별 예금 잔액에 따라 평균 지급준비율을 추정해보면 3.5% 정도이다. 1,000만 원의 예금이 들어오면 그 중 3.5% 인 35만원만 지급준비금으로 남겨놓고 나머지 965만 원-실제로는 예금자의 돈-은 다른 사람에게 대출을 해 주고 이자를 받을 수 있는 뜻이다.

　〈그림 3-13〉은 은행이 대출을 반복하는 과정으로 경제 교과서에 흔히 실려 있는 그림이다. 편의상 가 은행이 한국은행으로부터 본원통화(중앙은행이 시중은행에게 공급하는 돈) 1,000억 원을 대출받았다고 가정하자. 가 은행은 대출한 본원통화를 A에게 대출하였다. A는 거래처인 갑에게 물품대금으로 대출받은 1,000억 원을 지급하였다. 대금을 지급 받은 갑은 1,000억 원 중 50억 원을 금고에 보관하고, 나

머지 950억 원을 나 은행에 예금하였다. 나 은행은 이 돈을 그대로 보관하지 않고, 갑의 예금 950억 원 중에서 지급준비금 3.5%(평균 지급준비율 가정)인 33.3억 원을 남겨놓고 916.7억 원을 B에게 대출하였다. B는 대출받은 916.7억 원을 을에게 지급하였고 을은 이중 45.8억 원을 현금으로 보관하고 나머지 870.9억 원을 다 은행의 통장에 입금하였다.

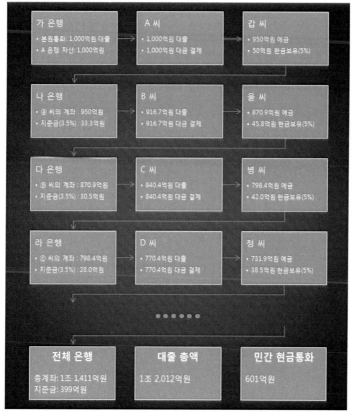

〈그림 3-13〉 신용창조 예시 (지준금 3.5%, 현금보유율 5% 가정)

〈그림 3-13〉의 과정을 무한히 반복한다면, 한국은행이 찍어낸 1,000억 원의 본원통화로 1조 2,012억 원 가량의 대출을 시중은행이 만들어낸다. 시중은행들이 만들어낸 이 돈을 신용통화(credit currency)라고 하고, 돈을 만들어내는 과정을 신용창조(credit creation)라고 부른다. 앞서 살펴보았던 금세공업자의 대출과 본질적으로 다르지 않다.

오늘날 거의 모든 국가에서 위 방식의 통화제도를 사용하고 있다. 1971년 미국 닉슨 대통령이 금태환 중지를 선언한 이후 보유한 금을 기준으로 화폐를 발행하는 나라는 더이상 없다. 시중의 모든 돈은 중앙은행의 본원통화를 종자돈으로 시중은행이 대출로 만들어낸 돈이다. 즉 돈은 곧 빚이라는 등식 관계가 성립한다.

닉슨 쇼크 (Nixon shock)

미국의 닉슨 대통령이 1971년 8월 발표한 달러 방어 정책으로 인해 발생한 충격을 말한다. 1960년대 말부터 미국은 베트남 전쟁을 포함해 많은 대외 원조와 군사비 지출로 경제력이 크게 약해졌다. 이 과정에서 미국의 국제수지가 무척 악화되어 달러 가치가 크게 떨어졌다. 게다가 외국에서 미국 달러화에 대한 금 교환 요구가 크게 늘어나면서 미국의 금 보유고가 급격히 감소하였다. 이에 닉슨 대통령은 금과 달러의 교환 정지, 수입 과징금 10% 실시 등을 포함하는 달러 방어 정책을 내놓았다. 닉슨쇼크는 대미 수출 의존도가 높은 한국, 일본,

---

모든 돈이 빚이라는 것은 언뜻 받아들이기 어렵지만, 사실 고등학교 수준의 경제학에서 배우는 내용이다. 대학에서 가르치는 화폐금융론 교재에서도 설명하고 있는 오늘날의 통화시스템의 작동원리와도 다르지 않다. 노래 가사처럼 알몸으로 태어나서 옷 한 벌 건져 입고 사는 우리 인생을 생각해보면 그리 어려운 개념도 아니다. 모두가 빈손으로 태어났다면 지금 내 손에 쥔 돈은 빌린 돈일 뿐이다. 노동의 대가로 받는 급여조차도 사실은 누군가의 빚으로 만들어낸 돈이다.

자연 발생적으로 생겨난 이 통화시스템은 완벽하지가 않다. 여기에는 몇 가지 불안정한 요소가 내재되어 있기 때문이다.

첫째, 앞서 언급한 17세기 영국의 금세공업자에서 유래된 은행들의 경우와 마찬가지로 예금자 모두가 한번에 예금을 인출하는 뱅크런 사태가 일어나면 은행에는 지급할 돈이 없다는 것이다. 지급준비금과 중앙은행의 긴급자금으로는 한계가 있다.

얼마 전 해외 뉴스에 그리스 공군조종사가 F-16을 몰고 터기로 날아가서 폐쇄된 비행장에 전투기를 주차해놓고 ATM기에서 700유로를 인출했다는 내용이 보도된 바 있다. 한국 돈으로 80만 원 정도

되는 돈이 필요하여 엄청난 연비를 자랑하는 전투기를 몰고 터키까지 날아간 것이다. 차라리 전투기의 기름을 빼서 팔았다면 돈이 더 되지 않았을까? 그리스 정부는 국민들이 은행이 불안하다는 것을 알고 예금을 인출하려 하자, 뱅크런 사태를 미연에 방지하기 위해 하루에 60유로(7만 원 정도)만 인출할 수 있게 만들었기 때문이다. 뱅크런은 매우 위험한 상황이며 그 파급효과는 매우 크기 때문에 이렇게 조치를 취할 수밖에 없다.

둘째, 은행은 총대출금의 원금에 해당하는 돈만 만든다는 것이다. 그러나 모든 대출은 이자를 수반한다. 앞서 모든 돈은 빚이라는 관계에서 본다면 시중에 유통되는 모든 신용통화의 이자에 해당하는 부분은 애초에 존재하지 않는다.

〈그림 3-14〉와 같이 지급준비금 399억과 민간에서 보유한 현금 601억, 모든 예금계좌의 잔액인 1조 1,411억으로 존재하는 총통화는 1조 2,411억원이다. 총통화의 평균 대출이자(엄밀하게 따지면 예대금리차를 적용해야 함)를 연 5%로 가정하면, 매년 570억 원의 이자가 발생하지만 이 570억 원의 돈은 현금으로도, 통장의 잔액으로도 존재하지 않는 것이다.

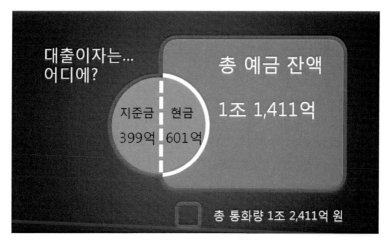

〈그림 3-14〉 대출이자는 어디에?

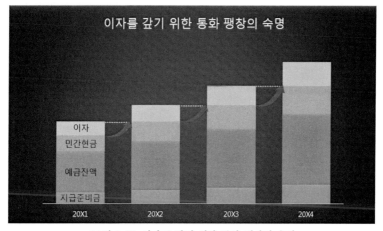

〈그림 3-15〉 이자를 갚기 위한 통화 팽창의 숙명

올해 이자 570억 원을 갚기 위해서는 570억 원만큼 통화가 늘어나야 한다. 즉 늘어나는 이자만큼의 통화 팽창이 이루어져야 유지가 가능한 시스템인 것이다〈그림 3-15〉. 15년 뒤에는 존재하는 통화보다 이자가 많아지게 된다.

현 은행 시스템은 아이들의 의자앉기 놀이와 다를 바가 없다. 노래하고 춤추는 동안은 낙오자가 없기 때문이다.

"One thing to realize about our fractional reserve banking system is that, like a child's game of musical chairs, as long as the music is playing, there are no losers."

-앤드류 가우스, 화폐경제 역사 연구가

경제가 성장하고, 성장한 만큼 통화가 팽창해야 존재하지 않았던 이자를 갚고, 노래와 춤을 계속 이어갈 수 있다-그렇다고 하더라도 경제성장의 혜택을 분배받지 못한 경제활동 참여자는 부도 또는 파산할 수밖에 없지만-. 경기가 침체되고 통화량이 늘지 않는다면 노래는 멈추고 의자에 앉아야 할 때가 온다. 이 때 누군가의 의자는 존재하지 않는 것이다. 존재하지 않는 돈으로 대출을 갚을 수 없기 때문이다. 존재하지 않는 이자는 누군가의 대출원금이 될 수도 있다.

이 빈 의자는 때로는 메기[59]로 표현되기도 한다. 미꾸라지의 천적인 메기를 미꾸라지와 함께 넣어두면 몇몇 미꾸라지는 메기에 잡아먹히지만 살아남기 위해 열심히 도망을 다닌 살아남은 미꾸라지는 더 튼튼하게 자라게 된다는 것이다. 반대로 미꾸라지만 넣어두면 메

---

59) 삼성 창업주 이병철 회장과 현 이건희 회장이 메기효과를 강조하며 두루두루 인용해왔다.

기에 잡아먹히지는 않더라도 운동량이 적어져 생존율이 떨어진다는 것이다. 결과적으로 살아남는 개체 수는 메기와 함께 넣어 둔 쪽이 더 많다는 것이다.

현 시대의 통화제도에서 대출이자에 대한 돈 자체가 존재하지 않는다는 공포, 즉 메기의 존재가 경제활동 참여자로 하여금 끊임없이 메기의 먹잇감이 되지 않도록 움직이게 만드는 것이다. 〈불편한 경제학〉의 저자 세일러가 소개한 바 있는 벨기에의 국제금융학 교수이자 대안화폐 운동의 대표적 이론가인 베르나르 리에테르(Bernard Lietaer)는 현 시대의 통화제도를 다음과 같이 설명한다.

"탐욕과 경쟁은 변할 수 없는 인간 본성의 결과물이 아니다. 탐욕과 결핍에 대한 두려움은 사실 우리가 이런 돈을 사용하는 데 따른 직접적인 결과로서 끊임없이 만들어지고 증폭되어왔다. (중략) 우리는 모든 사람이 충분히 먹고도 남을 음식을 만들어낼 수 있고, 이 세상에는 분명히 모든 사람에게 충분한 일거리가 있다. 그러나 빚을 모두 갚을 만큼 충분한 돈은 없다. 결핍은 우리가 사용하는 통화제도 속에 있다. (중략) 우리는 살아남기 위해 서로 싸워야 하는 것이다.

은행이 당신에게 주택담보대출로 10만 달러를 빌려주었다면 거기서는 원금만 발행한다. 당신이 그 돈을 소비하면 사회 안에서 유통된다. 은행은 당신에게 앞으로 20년에 걸쳐 20만 달러를 갚으라고 한다. 그러지 못하면 담보로 제공한 당신의 주택을 잃게 될 것이다. 그러나 나머지 10만 달러, 즉 이자 부분은 은행이 발행하지 않았다. 대신 은행은 당신을 각박한 세상으로 내보내 다른 모든 사람과 싸우라고 하다 나머지 10만 달러를 가져와야 하기 때문이다. 다른 모든 은행들도 정확히 같은 행동을 하고 있기 때문에, 시스템은 어느 누군가가 부도가 날 것을 요구하고 있는 것이다. 당신에게 이자에 해당하는 10만 달러를 제공하기 위해서. 간단히 요약하면, 당신이 대출금에 대한 이자를 지불할 때, 당신은 누군가 다른 사람의 원본을 써버리고 있는 것이다."

사실 현 통화 시스템의 불안정적인 요소이기도 한 돈의 '결핍'은 자본주의 사회가 발전하는 원동력이 되기도 한다. 산업혁명과 세계 인구의 급격한 팽창, 오늘날의 고도화된 물질문명도 현 통화제도의 발생과 무관하지 않을 것이다. 희소성을 가진 돈은 갚을 수 있는 능력이 있는 사람, 즉 신용이 있는 사람에게 주어지고, 대출을 받은 사람은 그 원리금을 갚기 위해-메기에게 잡혀먹지 않기 위해- 끊임없는 노력해야만 한다.

의자앉기 게임의 노래가
끝나갈 무렵

지금까지 현 통화시스템의 특성과 순기능, 태생적으로 가질 수밖에 없는 한계에 대해서 살펴보았다. 현 통화시스템은 경제활동참여자의 부채 상환능력, 즉 신용에 화폐의 희소성을 연동함으로써 각 주체로 하여금 평생 동안의 끊임없는 노력을 요구한다. 따라서 각 주체가 생존하려면 우상향하는 성장의 방향성을 이어가야만 하는 것이다. 누군가는 도태될지언정 뒤돌아볼 사이 없이 앞만 보고 달려야 한다. 그래야 메기가 내 근처에 머물지 않는다. 달리 표현하면 빠른 런닝머신 위에서 돌아가는 벨트보다 빨리 뛰지 않으면 넘어질 수밖에 없는 시스템인 셈이다.

세계 경제가 글로벌화되면서 메기는 비단 한 국가 내에서만 활동하지 않는다. 세계를 돌아다니며 먹이 냄새를 찾아다니는 '글로벌 메기'로 변모했다. 한 국가의 통화량이 늘어나지 않는다는 것은 빚 갚을 돈이 부족하다는 뜻이고, 메기의 먹이가 많다는 뜻이기도 하다. 시중의 자금 유동성이 원활하지 못해 통화량이 감소하는 현상을 신용경색(credit crunch)이라고 한다. 신용창조 기능이 재대로 이루어지지 않는 것이다.

은행들의 신용창조 기능이 마비되면 중앙은행의 본원통화가 공급되더라도 통화량이 줄어들고, 그 결과 물가와 자산가치가 하락하는 디플레이션으로 갈 수 있다. 은행들은 앞으로 경제상황이 불안하다고 예상되면 금고 속에 돈을 넣어놓고 대출해주지 않는다. 게다가 지금까지 대출해줬던 자금을 회수하는 작업에 착수한다. 급작스런 인출에 대비해 지급준비금을 추가로 쌓아야 하기 때문에 금융기관 사이의 현금 확보 경쟁이 일어난다. 은행이 대출을 해주지 않기 때문에 기업은 부도 위기에 놓이게 되고, 부동산이나 증시도 폭락할 수밖에 없는 상황이 된다. 부동산 가격이 폭락하면 그 이전에 부동산을 담보로 잡고 대출해준 은행 입장에서는 담보물의 가치가 떨어졌으므로 부동산을 압류하거나 담보를 추가하라는 압력을 가하게 되어 악순환의 연속이 시작된다.

많은 경제학자들이 하이퍼인플레이션[60]보다 디플레이션[61]이 더욱 위험하다고 하는 이유가 여기에 있다. 독일이 세계 경제 대공황 당시 하이퍼인플레이션 때는 손수레에 지폐를 가득 실어 빵을 사먹으면서도 민주주의를 유지했지만, 오히려 디플레이션이 나타나자 듣도 보도 못한 히틀러가 독재를 하는 상황이 되었고, 제 2차 세계대

---

[60] 물가 상승이 통제를 벗어나 수십, 수백 배의 물가 상승이 일어나는 상태.
[61] 상품과 서비스의 가격이 지속적으로 하락하여 실업의 증가 등 경제활동이 침체된다.

전으로 연결되는 전환점이 되었다. 기업이 도산하고, 대부분의 젊은
이들이 백수가 되었다. 그때 세상을 한 번 뒤집어보자는 시도가 별
볼일 없는 사람을 독일의 독재자까지 만든 것이다. 즉 디플레이션의
나비효과[62]인 셈이다. 그래서 현재 전 세계 경제의 디플레이션 우려
는 곧, 전쟁이 일어날 수도, 독재자가 나타날 수도 있는 국가 안보
우 러이기도 하다.

<1928년~1933년 미국의 경제지표(1922=100)>

연도	산업 생산	내구성 소비재	비내구성 소비재	소비자물가 지수	통화공급 (M2)
1928	140	156	117	99	144
1929	153	185	119	98	145
1930	127	143	97	91	143
1931	100	86	78	80	137
1932	80	47	56	73	113
1933	100	50	60	73	101

〈그림 3-16〉 자료: 라스 트비드, 〈비즈니스 사이클〉

〈그림 3-16〉의 표는 1930년대 대공황 당시의 경제지표를 나타낸
다. 1922년의 지표를 100이라고 할 때 1929년까지 경제지표들은 이
상 징후를 찾아볼 수 없었다. 오히려 주식시장은 매우 낙관하고 있
던 시기였다. 그러나 1930년 -1.38%의 M2 감소율이 1930년대의 대
공황을 촉발시켰다. 당시의 호황은 무리한 신용팽창으로 떠받쳐진

---

[62] 나비의 날개짓처럼 작은 변화가 폭풍우와 같은 커다란 변화를 유발시킬 수도 있다는 이론.

것이었다.

　미국의 대공황의 원인은 수십 년간 논란을 거듭해 왔다. 그러나 위기의 시작이 된 원인보다 심각한 문제는 금융시스템의 붕괴에 있음에는 대부분의 학자들도 부정하지 않는다. 수천 개의 은행이 도산하고 통화 공급이 축소되었으며, 이는 구매력 감소와 물가 하락을 가져왔다. 제조업자들과 상인들은 상품의 가격을 낮추고 생산을 감축하며 노동자들을 해고했다. 이자율을 높여 달러가치를 높이려고 했던 시도는 통화 공급을 더 위축시켰고 은행과 기업의 붕괴를 촉진했다.

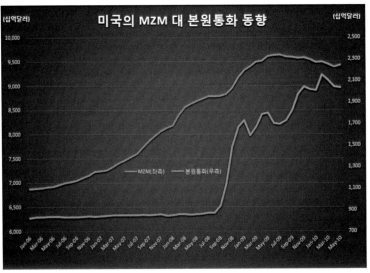

〈그림 3-17〉 자료: 미국 세인트루이스 연방은행

2008년 금융위기 당시 미국은 금융시스템이 붕괴할 위기에 처했고 Fed(연방준비위원회)는 파격적인 양적완화정책을 시도했다. 이 정책은 〈그림 3-17〉에서 본원통화의 급팽창으로 나타났다. 하지만 MZM은 본원통화의 유래 없는 팽창에도 불구하고 증가량이 감소하다가 심지어 통화량 자체가 감소하기 시작했다.

MZM은 Money with Zero Maturity로 우리말로 만기가 0인 통화 정도로 해석된다. 원할 때 바로 쓸 수 있는 통화를 집계한 지표이다. 최근 새로 사용하기 시작한 지표로 M2나 M3보다 실물경제를 더 잘 반영한다고 평가받고 있다. 양적으로 M2와 M3의 중간 정도를 나타낸다.

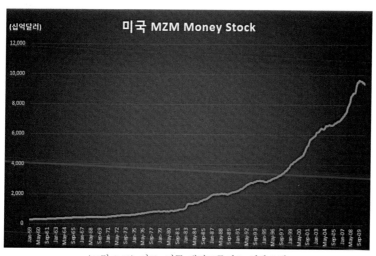

〈그림 3-18〉 자료: 미국 세인트루이스 연방은행

〈그림 3-18〉은 MZM의 감소가 이례적인 현상임을 나타낸다. 1959년 이후 증가 추세를 보이던 MZM이 2008년 즈음에 감소하며 금융위기가 발생하게 되는데 이는 통화량의 감소가 단순한 이슈로 끝나지 않음을 시사한다.

한 세기 동안 손꼽을 정도로 심각했던 금융위기인 1930년대 대공황과 2008년 금융위기는 모두 통화량의 감소라는 현상을 동반했다. 현 통화시스템의 '메기'는 통화량의 증가율이 감소되거나 통화량 자체가 감소하는 상황을 그냥 지나치지 않는다.

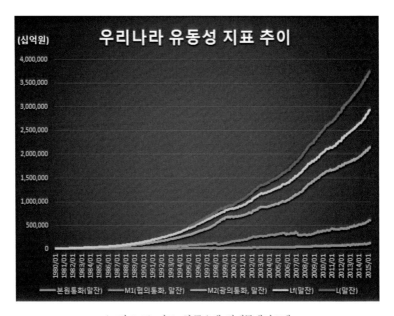

〈그림 3-19〉 자료: 한국은행 경제통계시스템

	M1	현금통화+요구불예금+수시입출식저축성예금
통화 지표	M2	M1+정기예적금 및 부금+시장형상품+실적배당형상품+금융채+기타(투신증권저축,종금사발행어음) *만기 2년 이상 제외
유동성 지표	Lf (종전 M3)	M2+M2포함 금융상품 중 만기 2년 이상 정기 예·적금 및 금융채 등+한국증권금융의 예수금+생명보험회사의 보험계약 준비금+농협 국민생명공제의 예수금 등
	L	Lf+정부 및 기업 등이 발행한 유동성 시장 금융 상품(증권회사 RP, 여신 전문기관의 채권, 예금보험공사채, 자산관리공사채, 자산 유동화 전문회사의 자산 유동화 증권, 국채, 지방채, 기업 어음, 회사채 등)

〈그림 3-19〉는 1980년부터 2015년 현재까지 우리나라의 유동성지표 추이를 나타낸다. 미국의 2008년 금융위기 이전의 유동성 지표와 추세적으로 큰 차이가 나지 않는다. 1980년 이래로 꾸준히 통화량은 증가해 왔다. 그러나 그 내막을 자세히 살펴보면 중요한 변화가 일어나고 있음을 알 수 있다.

1998년 약 20조 원이었던 본원통화는 2014년 말 현재 약 117조 원이 되어 약 5.6배 증가하였다. 반면 1998년 약 640조 원이었던 M2는 2014년 말 현재 약 2,077조 원이 되어 약 3.2배 증가하는 데 그쳤다. 다시 말하면 본원통화 증가율에 비해 광의통화인 M2의 증가속도가 현저히 떨어진 것이다. 통화승수가 감소하고 있는 것이다.

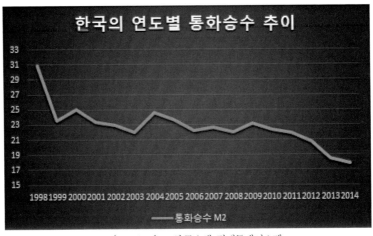

〈그림 3-20〉 자료: 한국은행 경제통계시스템

통화승수란 본원통화 대비 통화량을 뜻한다. 즉 돈의 총량을 의
미하는 통화량(일반적으로 M2)을 중앙은행이 공급하는 본원통화로 나
눈 수치다. 한국은행이 본원통화를 공급했을 때 몇 배에 달하는 통
화가 창출되었나를 나타내는 지표다.

〈그림 3-20〉을 보면, 1998년 약 31배에 달하던 통화승수는 감소
추세를 보이며 2014년 말 현재 약 18배로 하락하였다. 미국의 경우
2007년 8.8배였던 통화승수가 양적완화 이후 2013년 3.3배까지 하
락했다. 일본의 경우에도 아베노믹스 이후 급격한 통화승수의 하락
세를 보이고 있다. 은행의 신용창조 기능을 나타내는 통화승수가
급락하고 있다는 것은 경제의 활력이 떨어져, 경제 성장에 필요한
통화를 공급하기 위한 비용이 증가한다는 것을 의미한다.

문제는 통화승수의 하락이 지속적으로 이어진다면 소비침체와 투자위축이 장기화되고, 중앙은행이 돈을 풀어도 경기가 살아나지 않는 유동성함정(Liquidity trap)에 빠질 수도 있다는 점이다. 신용경색(Credit Crunch)이 심화되면 정부와 중앙은행의 정책 효과를 기대할 수 없게 되기 때문이다.

통화승수의 하락이 지속되어 통화량의 감소로 이어진 1930년대 대공황과 2008년 금융위기 같은 과거 사례를 보았을 때 최근에 연이은 통화승수의 하락을 보이고 있는 한국 경제를 우려 깊은 시각으로 주시해야 한다.

우리나라 통화승수의 하락 원인은 여러 가지 측면에서 찾아볼 수 있다.

첫 번째는 은행의 건전성 제고의 일환으로 마련된 예대율 규제 정책의 도입이다. 금융위기가 발생했던 2008년 6월에 시중은행의 예대율은 127.1%에 달했다. 예금 받은 돈을 내출해주는 은행의 메카니즘을 보면 예대율은 100% 미만을 나타내는 것이 상식적이고 정상이지만, 100%를 초과한다는 것은 은행채나 외화 같은 예금이 아닌 돈으로 대출을 해주었다는 뜻이고, 이는 은행의 부실과 직결된다. 2009년 12월 노입된 예내율 규세로 인해 2014년에는 예대율이 100% 미만으로 하락했다. 예대율 규제 정책과 더불어 예금은행들의 대출 증가율이 감소한 모습을 보면 정책 도입의 효과로 볼 수 있고, 긍정적인 측면이 많다.

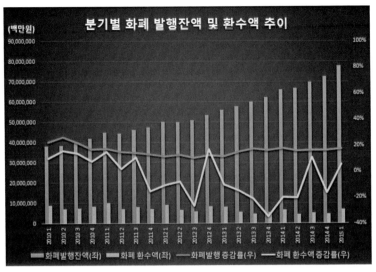

<그림 3-21> 자료: 한국은행 경제통계시스템

　두 번째는 5만원권의 발행 이후 고액권의 휴대가 용이해지면서
각 경제주체들의 현금보유성향이 높아졌고, 화폐 환수율이 크게 하
락했다. <그림 3-21>을 보면 5만원권이 발행된 2009년 이후 화폐발
행잔액은 꾸준히 20% 내외의 증가를 보여왔지만, 화폐 환수액은 화
폐발행잔액 증가율에 못 미치거나 오히려 감소하는 모습을 보였다.
특히 5만원권의 환수율이 급감했으며, 이는 중앙은행이 시중에 풀
어 놓은 돈이 은행으로 되돌아오지 않고 경제 주체들의 호주머니,
즉 금고에 고여 있음을 의미한다.

　세 번째는 경기부진으로 기업의 투자가 축소하고, 가계의 소비가
감소했다. 기업의 설비투자는 2010년 이후로 하락 추세를 보이고 있
고, 현금 보유를 늘리고 있다. 가계는 전세가격 상승, 고령화, 과도한

부채 부담 등으로 소비를 줄이고 있으며, 전체 가계의 평균소비성향은 2010년 이후로 꾸준히 하락하고 있다.

네 번째는 저물가, 저금리 현상이 장기화되면서 화폐 보유의 기회비용이 하락한 것이다. 예금은행의 금리 하락으로 각 경제 주체가 현금을 은행에 맡겨도 수익성이 낮아졌고, 소비자물가 상승률이 지속적으로 낮은 수준을 유지하고 있어 현금을 보유하더라도 화폐가치의 손실이 적다.

다섯 번째는 은행의 위험 회피적 자금관리 방식이 강화되면서 담보가 부족한 대출자들과 수익성이 악화된 기업에 대한 대출이 적절히 이루어지지 못하고 있다. 가계의 주택담보대출은 늘어난 반면 신용대출 증가세는 정체되어 있는 것으로 나타났다. 또한 은행은 중소기업 대출보다 비교적 안정적인 대기업 대출을 선호하면서, 중소기업 대출 증가율과 대기업의 대출 증가율은 금융위기 이후 상반된 결과를 나타내고 있다. 즉 신용창조 기능이 감소한 것이다.

지금까지 현 통화제도의 발생 과정과 구조적으로 가질 수밖에 없는 숙명을 살펴보았다. 그리고 그 숙명이 가져오는 반복되는 금융위기의 전개 사례를 되짚어보며 우리나라가 위기의 초입 단계에 진입해 있음을 확인했다.

금리인하와 본원통화의 지속적인 공급으로 완화적인 통화정책을 펴고 있음에도 불구하고, 경기 부진, 투자 위축, 소비 감소, 현금 보유 성향 강화 등의 부정적인 요소들이 장기화되고 있다. 통화승수 하락이 지속된다면 중앙은행이 돈을 풀어도 경기가 살아나지 못하는 유동성함정에 빠지는 것도 배제할 수 없다.

그러나 정부의 경제 정책은 '기승전 부동산'과 '기승전 대기업'으로 편중되어 있다. 대부분의 정책이 부동산 자산가격을 올리고 대기업의 이익을 대변하고 있는 것이다. 보수정권이 신뢰하는 '낙수효과'는 이제 그만 버리고, 기업의 투자확대, 가계의 소비 활성화 등 유효 수요를 창출할 대책 마련이 시급한 때이다.

올림픽 대박을 꿈꾸며

2011년 7월 6일 남아프리카공화국의 더반에서 열린 123차 국제올림픽위원회(IOC) 총회에서 2018년 동계올림픽 개최지 발표가 있었다. 자크 로게 위원장의 다음 한마디를 숨죽여 기다리던 대한민국은 '평창' 소리와 함께 환호와 축제의 분위기에 휩싸였다. 총회에 참가했던 한국 위원들과 체육관에 모여 생중계로 발표를 기다리던 동계올림픽 유치 관계자들은 태극기를 흔들고 만세를 부르며 뛰어올랐다. 총회에서 올림픽 유치를 위한 프레젠테이션을 했던 대통령부터 올림픽 유치 위원이었던 대기업 회장, 동계올림픽을 준비하는 선수들까지 감격의 기쁨을 함께 나누었다. 생중계를 시켜보던 강원도 도민과 국민들도 마치 2018년 동계올림픽 우승이라도 한 듯 환호했다.

당시 언론에 인용되었던 현대경제연구원의 조사 자료를 보면 평창 동계올림픽의 경제적 효과가 64조 9천억 원이 될 것이라고 예상했다. 2011년 당시 우리나라의 GDP는 1,312조 원으로 집계되었고 경제 성장률은 3.68%를 기록했다. 전년보다 47조 증가한 수치였다. 그러면 64조 9천억 원이라는 경제 효과는 2011년 경제성장치의 1.5배가 넘는 성장 효과가 있다는 뜻이다. 어마어마한 경제적 효과인 것이다. 이 경제 효과는 직접적 효과와 간접적 효과, 두 가지를 합한 것이다.

직접적 효과는 경기장, 교통망, 숙박시설 등을 위한 투자금액과 올림픽 기간 중 내·외국인 관광객 소비지출, 대회 운영을 위한 경비와 그 경제적 효과를 추정한 것으로 총 21조 1천억 원으로 집계됐다.

간접적 효과는 올림픽 개최 이후에 10년 동안의 관광 수입과 평창 및 강원도, 대한민국의 브랜드가치 상승효과를 합한 것이다. 그 대부분은 관광 수입으로, 10년간 평창의 추가적인 관광 수입이 32조가 될 것이라는 계산이다. 매년 100만 명 정도의 관광 수요가 발생할 것으로 가정하고 한 사람당 2백만 원씩 소비하였을 때, 그 경제적 효과까지 합하면 매년 3.2조 원에 달할 것이라는 전망이다. 평창군의 1년 예산이 3천억 원 정도니까 매년 그 10배의 관광수입을 10년 동안 기대할 수 있다니 정말 대박이라 할 수 있다. 게다가 국가 이미지 제고 효과가 11조라니 이 또한 합산하여 계산하면 한국이 경제성장률이 2% 중·후반대만 나오면 올림픽개최 효과로 10년간 매년 3%의 경제성장률을 이룰 수 있다.

이렇게 경제성장률을 강조하는 이유는 경제성장률 2%와 3%는 우리나라에 있어 매우 다른 의미를 부여하는 숫자이기 때문이다. 2015년 세계경제성장률은 3%로 전망(2015년 글로벌 경제 전망 보고서, 세계은행)하고 있다. 선진국은 3% 미만, 개발도상국은 3% 이상의 경제

성장률을 보인다. 선진국 대열에 들어섰다고 평가하기에 다소 이르다고 생각되는 한국의 경제성장률이 '2%냐 3%냐' 하는 것은, 한국경제가 '하향세를 걷느냐? 아직 잠재력이 살아 있느냐'의 경계선인 셈이다. 이런 상황에서의 동계올림픽 경제효과 64조 원은 매우 큰 의미이며 실현 가능하다면 한국의 경제성장이 아직 끝나지 않았다는 것을 보여주는 데 큰 보탬이 되는 것이다.

그러나 전 세계에서 올림픽을 치른 국가들의 올림픽 후 국내 경제 사정을 보면 개최 전의 전망처럼 좋은 경제적 성과를 달성한 국가는 거의 없었다. 오히려 올림픽이 경제적 위기를 초래하는 경우도 있었다.

대표적인 예로 그리스 아테네 올림픽이다. 그리스가 현재 국가적 경제위기를 겪고 있는 원인 중에 하나로 전문가들은 2004년 아테네 올림픽을 지적한다. 당시 그리스 재정 규모는 200억 유로(약 26조 원, 당시 환율)였는데 올림픽 예산으로 약 130억 유로(약 17조 원)를 썼다. 세금도 잘 내지 않는 나라에서 올림픽으로 1년 재정 수입의 3분의 2를 쓴 것이다. 올림픽이 끝난 후 추가적인 비용까지 계산해보면 360억 유로(약 47조 원)를 쓴 셈이다. 그리스 정부는 국민들의 삶은 아웃 오브 안중으로 하고, 올림픽에 몰빵 투자를 한 셈이다. 이러한 그리스가 과도한 복지 예산 편성으로 위기에 처한 국가의 모습이라고 할 수 있는가?

최근의 그리스는 늘 위기였지만 올림픽 이후 매우 극심한 어려움을 겪는 나라가 되었다. 연간 경제성장률은 2004년 4.4%에서 2005

년 2.3%로 하락(IMF 통계)하였고, 정부가 많은 돈을 지출하다 보니 국민들의 혜택은 줄어드는 것이 당연했고, 자연히 국민들의 소비도 줄어들었다. 매년 경기장 및 기타 유지보수 비용이 5억 유로(6,500억 원)가 들어간다. 매년 그리스 국민 4인 가구 당 240만원을 복지비용으로 쓰라고 줘도 될 돈을 활용도 못하는 경기장 유지보수 비용에 털어넣고 있는 것이다. 그리스는 조선업을 제외하면 제조업이 전무해서 관광 수입이 대부분임에도 불구하고, 올림픽 이후 오히려 GDP는 줄었다. 올림픽 개최가 곧 관광 수입 증대라는 등식이 성립되지 않음을 단적으로 보여주는 예이다.

그리스 이전에 쪽박을 찬 올림픽이 또 있다. 1976년 몬트리올 올림픽이다. 몬트리올 올림픽은 막대한 적자 이후 100억 달러에 달하는 부채를 갚는 데만 30년이 걸렸다고 한다. 몬트리올 올림픽의 적자가 심각한 상황임이 알려지자, 다음해인 1977년에 '84년 올림픽 개최지를 선정할 때에는 선뜻 나서는 도시가 없었을 정도였다.

올림픽 개최를 희망하는 도시가 없자 IOC는 당황했고, 사정을 간파한 로스엔젤레스는 올림픽 개최에 대한 전권을 로스엔젤레스가 행사하는 조건으로 유치를 결정하게 된다. 조건은 61년 된 콜로세움을 주경기장으로 활용하여 건설비용을 줄이고, 올림픽의 주요 이익인 중계권료를 폭등시키고 특정 다국적 기업에게 독점 스폰서 계약을 하는 것이었다. IOC 입장에서는 평소대로라면 절대 받아들일 수 없는 조건을 울며 겨자 먹기 식으로 수용할 수밖에 없었고, 로스엔젤레스는 역대 유일하게 (의미 있는)흑자를 낸 올림픽이 되었다.

다시 이런 조건으로 올림픽을 치를 수 있는 나라가 있을까? IOC의 권력은 막강하다. 올림픽이 흥행하든 망하든 IOC는 손해를 보지 않는다. 주된 올림픽 운영 수입원인 중계권료와 스폰서료, 경기장 입장료의 10% 가까이 받아간다. 그러면서 IOC의 규정으로 개최국이 돈을 쓰도록 강요-예를 들면 동계 올림픽의 경우 전체 경기장과 숙소는 30분 내에 위치해야 하다는 규정-한다. 개최국은 올림픽 운영 수입의 일부를 배분 받지만 올림픽 개최 비용을 순수하게 자비로 부담해야 한다. 손익분기점을 넘기기 어려운 것이다. 그럼에도 불구하고 이렇게 올림픽 개최에 목을 매는 이유가 무엇일까?

올림픽 개최라는 떡밥은 대규모 토목, 건설 사업을 시행할 수 있는 확실한 명분이 되기 때문이다. IOC의 무리한 요구들-경기장, 숙소, 교통 등의 필수 조건-은 천문학적인 비용의 당위성을 보완해준다. 부풀려진 올림픽의 경세 효과는 올림픽 관련 개발 사업의 규모를 '올림픽 경제 효과 수준'까지 확대할 수 있게 해준다.

예를 들면 만약 100조 원의 올림픽 기대효과가 있다고 추정치가 산출되면 70조 원의 비용이 들더라도 30조 원의 흑자라는 계산으로 70조 원의 비용을 대수롭지 않게 생각하게 만든다. 10년이 지나 직·간접적 경제효과의 실체가 드러나 실제 경제 효과는 예상치인 100조 원의 반밖에 안 되는 50조 원이었다고 가정하면, 20조 원의 적자를 보았다고 해도, 그것을 기억하고 있을 사람도, 관심도 대부분 없어질 것이고, 10년 전의 결정에 대해 그 책임을 묻기도 힘들다. 짜고 치는 고스톱이라는 말이 더 어울리는 경우를 찾기가 힘들 정도다. 물론 안 써도 될 돈을 쓴 만큼, 그 돈은 누군가의 주머니로 들어가게 된다. 이러한 이해관계가 올림픽이 흑자를 내기 어려운 이유 중에 하나다.

올림픽 벨리효과[63]는 아테네 올림픽과 몬트리올 올림픽 이외에도 64년 도쿄 올림픽, 88년 서울 올림픽 등 대부분의 경우에 적용된다. 도쿄 올림픽은 경제성장률 둔화, 투자 위축, 통화증가율 감소, 부동산 가격 하락, 주가 하락의 결과를 초래했다. 우리나라의 경우도 두 자리 수였던 경제성장률이 서울 올림픽 이후 한 자리 수로 주저앉았고, 주가는 올림픽 이후 3년 간 마이너스를 기록했다.

더군다나 벨리효과는 하계 올림픽에만 국한되지 않는다. 동계 올림픽은 물론이고 월드컵, 아시안게임, F1 그랑프리 등 10대 메가 스포츠 이벤트들도 마찬가지의 양상을 보인다. 2010 남아공 월드컵 당시 외화 수입은 예상치의 3분의 1에 불과했고, 36억 유로의 적자를 기록하여 남아프리카공화국의 성장세가 둔화되었다. 2014년 브라질 월드컵은 7.5%까지 성장했던 경제가 월드컵이 가까워질수록 4년 연속 침체에 빠져 2013년 경제성장률은 0.9%에 그쳤다. 특히 FIFA에서 8개 도시에만 월드컵 경기장을 지어도 된다고 했지만 브라질 정부는 굳이 12개 도시에 경기장을 건설했고, 막대한 세금이 투입되어, 공공요금 인상으로 부족분을 메우는 등 논란이 많았다. 이는 월

---

63)   올림픽 이전의 과도한 투자가 올림픽 이후에 급감하고, 이로 인해 올림픽 이후 개최국이
경험하는 급격한 경제 성장 둔화와 자산 가격 하락을 의미함

드컵 반대 시위와 파업으로 이어져 월드컵 개막 직전까지도 2개 경기장을 완공하지 못했으며 조급함은 빈번한 안전사고를 초래했다.

우리나라에서 최근에 열린 2014년 인천 아시안게임은 유치 당시 국내 생산유발효과와 부가가치유발효과를 18조 5천억 원으로 예상했으며, 27만 명 가량의 일자리 창출 효과를 전망했다. 특히 인천 지역에 15조 원의 경제 효과와 20만 명의 고용 유발 효과를 예상했다.

그러나 아시안게임 유치가 확정된 2007년 이후 인천 지역내총생산(GRDP)[64] 증가율을 보면 2008년 -0.7%, 2009년 -1.9%, 2010년 10.7%, 2011년 1.6%, 2012년 0.7%, 2013년 2.4% 등으로 2010년을 제외하고 전국 평균 성장률을 밑돌았다. 대회가 열린 2014년에는 광공업생산지수[65] 증가율은 1분기 4.6%를 기록한 이후 2분기 0.7%로 하락했고, 3분기에는 -0.7%까지 떨어졌으며, 대형소매점판매지수 증가율은 1분기 -2.6%, 2분기 -2.4%, 3분기 -4.8% 등으로 감소했다.

인천지역 신규 취업자 수는 2010년 27,200명에서 2011년 40,500명, 2012년 52,700명으로 늘었으나, 2013년에는 28,700명으로 줄었고, 대회가 열렸던 2014년은 26,800명으로 더 줄었다. 전국의 취업자 증가인원이 2013년 385,700명에서 2014년 533,000명으로 크게 늘어난 것과 대조적인 결과를 보였다.

올림픽의 폐해는 비단 경제적 측면에만 국한되지 않는다. 우리나

---

64) 시·도 단위별 총 생산액, GDP와 대응되는 개념.

65) 국내 생산 활동의 단기 흐름을 파악하기 위하여 광업·제조업·전기 및 가스업을 대상으로 매달 생산량을 조사하여 작성하는 통계.

라에서 산림이 가장 많은 지역은 강원도이다. 강원도에 위치한 가리왕산은 다양한 식생이 자라면서 연구 및 보존 가치가 높은 산이다. 이 가리왕산의 나무를 베어-삿포로의 활강경기장 건설에는 5톤의 폭발물을 사용했다- 평창 동계올림픽의 활강경기장을 건설하는 것으로 결정되었다. 환경단체가 반발하자 최소의 면적만 사용하고 올림픽이 끝난 후 다시 예전처럼 복원할 것을 약속하며 환경친화적인 올림픽이 될 것임을 홍보했다. 하지만 환경 전문가들은 파괴된 가리왕산의 생태계를 올림픽 이전으로 복원하는 것은 절대 불가능하다고 주장한다. 이유는 자연은 네트워크처럼 모두 연결이 되어 있기 때문에 부분 훼손은 곧 연결되어 있는 그 주변의 전체 생태계에도 영향을 크게 끼친다는 것이다.

임林학계의 돌부처라는 별명을 가진 이병천 박사도 활강경기장이 들어선 후의 가리왕산의 원상 복구는 불가능하다는 입장이다. 가리왕산에는 활강슬로프 2면, 곤돌라, 케이블카, 리프트, 연습코스 등 36개의 시설이 들어서게 된다. 특히 설치될 서른 대의 제설기에 쓰이는 물은 시간당 360톤에 달한다. 이 물은 계곡물을 막아 쓰거나 지하수를 사용하게 되는데 그렇게 되면 지하수위가 낮아지면서 야생화를 비롯한 대부분의 표면식물들이 말라죽게 된다. 산림 생태계의 반은 이 표면식물들이 유지하는 것으로 이들이 죽으면 전체 생태계는 파괴될 수밖에 없다. 파괴된 생태계를 인간의 힘으로 되돌리는 것은 불가능하다는 주장이다.

그리고 대회용 스키장의 설질雪質을 유지하기 위해서는 엄청난 양의 화학약품이 쓰이는데 이 화학약품으로 인한 오염은 인위적으로 단시간 내에 복구할 수가 없다. 이러한 사례는 골프장의 경우에서 쉽게 찾아볼 수 있다. 무분별한 골프장의 건설과 농약살포로 인한 지하수 오염은 극심한 환경오염과 생태계 파괴를 초래해왔다. 수돗물을 그냥 마시던 제주도에서는 한라산 중턱의 골프장에서 사용한 농약으로 오염되어 이제는 물을 사먹어야 하는 상황에 놓여있다.

이처럼 한번 훼손된 자연은 다시 예전으로 100% 복구하는 자체가 불가능하다. 경제적인 손실과 부채는 갚으면 그만이지만, 훼손된 자연은 되돌릴 수가 없다. 환경단체들은 가리왕산의 환경 복원을 위해 쓰일 복구비용을 건설비용에 맞먹는 1,000억 원에 달할 것으로 추정했다. 비용도 비용이지만 1,000억 원의 혈세를 투입하더라도 원상복구는 어렵다는 것이 안타까운 일이다. 때문에 활강 경기장이 마련되어 있는 무주와 분산 개최를 주장하는 목소리가 커지는 이유이기도 하다.

오늘날 올림픽을 순수한 올림픽 정신으로 바라보는 시각은 드물 것이다. 2011년에 평창 동계올림픽 유치가 확정되는 순간 환호하던 사람들 마음속에 '스포츠를 통한 세계평화에 이바지할 수 있다는 기쁨'이라는 숭고한 정신이 있었던 사람이 몇 명이나 될까. 열에 아홉은 돈이나 권력, 명예와 같은 개인의 이해관계와 무관하다고 말할 수 없을 것이다. 그런 이유라면 정부 입장-체육계의 입장에서는 접근방식이 다를 수도 있다-에서 굳이 수십 년간 적자 사례를 이어온 올림픽 '사업'을 고집할 필요가 있을까? 올림픽의 경제 효과를 부풀

려 계산해서 막대한 재정 지출의 명분을 얻을 시간에 국가 경제의
실질적 개선효과를 가져올 재정 정책을 강구하고 사회적 합의를 도
출하려는 노력을 하는 것이 합리적이지 않을까.

대공황 시기에 영국의 경제학자 케인즈는 유효 수요를 증대하는
방안으로 정부의 재정 정책을 제안했다.

"정부가 돈을 가득 담아 여러 곳의 폐광 쓰레기 더미 속에 깊이 파묻
은 다음, 기업들이 마음대로 파가도록 놔두면, 기업들은 이 돈을 파내
기 위해 사람들을 고용할 것이고, 실업은 사라질 것이며, 사회 전체의
실질 소득과 부 역시 이전보다 훨씬 더 커질 것이다. 그러나 돈을 파
묻고 파내어 가도록 하기보다는 주택을 건설하는 것이 더 의미 있을
것이다. 그러나 정치적으로나 현실적으로 어려움이 있다고 한다면, 아
무것도 하지 않는 것보다 위처럼 하는 것이 낫다."

"If the Treasury were to fill old bottles with banknotes, bury
them at suitable depths in disused coalmines which are then
filled up to the surface with town rubbish, and leave it to
private enterprise on well-tried principles of laissez-faire to
dig the notes up again, there need be no more unemployment
and, with the help of the repercussions, the real income of
the community, and its capital wealth also, would probably
become a good deal greater than it actually is. It would, indeed,
be more sensible to build houses and the like; but if there are

political and practical difficulties in the way of this, the above would be better than nothing."

케인즈의 유효수요증대이론에 따르면 아무런 의미가 없어 보이는 땅에 돈을 묻는 행위라 하더라도 재정 지출로 실업률을 줄이고, 실질 소득을 늘리며, 경제를 살릴 수 있다는 말이다. 땅을 파내는 기업에게도 도움이 되지만, 땅을 파내려면 중장비의 수요나, 하다못해 삽 한 자루라도 수요가 증가하기 때문에, 그와 연관된 기업들이 꼬리에 꼬리를 물어 기업은 물론 고용 노동자까지도 경제적 이익을 누릴 수 있다. 그리고 돈을 묻는 것보다는 경제적 효용이 있는 주택을 건설하는 것이 더 도움이 될 것이라고 덧붙였다.

올림픽의 경우는 어떠한가? 수십 년간의 올림픽 사례에서 보았듯이 1984년 로스엔젤레스 올림픽과 2002년 솔트레이크시티 농계올림픽을 제외하면 경제적으로 실질적인 성공을 거둔 올림픽은 찾기 힘들다.

그 이유는 첫째, 올림픽 개최에 필요한 전체 비용은 개최국이 부담하는 반면, 올림픽 마케팅으로 창출되는 수익은 일부만 개최국에 귀속되므로 개최국에 불리한 구조를 가지고 있다. 둘째, 역대 올림픽 개최 사례를 보면 최종 지출은 초기 예산안을 초과하는 경우가 대부분이었다. 최근 동계올림픽 개최지(1998~2010)의 경우 평균적으로 61.8%의 예산안 대비 지출 초과율을 보였다. 예를 들면 10조 원의 예산을 초기에 편성했다면 최종 비용은 평균 16조 원을 초과하는 비용이 쓰였다는 것이다. 셋째 올림픽을 포함한 메가 이벤트의 직, 간접 경제효과는 수억 원의 비용이 들어가는 용역 보고서에서 예상한 기대치에 훨씬 못 미치는 경우가 많았다. 남아공 월드컵의 경우 외화 수입은 기대치의 3분의 1에 그쳤다고 언급한 바 있다. 2013년에 국회예산정책처는 '국제스포츠행사 지원사업 평가' 보고서에서 국제경기대회에 대한 경제적 타당성 분석이 심각한 오류를 가져올 수 있다고 지적하기도 했다.

이 세 가지 이유를 고려한다면 과연 올림픽이 케인즈가 말했던 '아무것도 하지 않는 것'보다 효율적인 재정지출이라고 단언할 수 있는지를 자문해 볼 필요가 있다.

또한 올림픽 인프라 건설 공사 업체 선정이 대기업과 중소기업에 대한 차별 없이 공정했는지도 의문이지만 선정된 기업의 이익이 많아짐에 따라 국내 경제의 선순환을 위한 재투자가 이루어 졌는지도 고려해야 한다. 또한 기계 장비의 첨단화로 토목, 건설 사업의 일자리 창출이 재정 지출 대비 효과가 떨어진다는 것은 오래전부터 제기되었던 문제이다. 그럼에도 불구하고 아직도 올림픽 인프라투자로 고용이 증가한다는 주장은 영화 〈국제시장〉의 배경이 된 60~70년대나 가능한 일이지 현재에도 가능한 일인지 반문해 볼 필요가 있다.

그렇다면, 올림픽에 막대한 재정 적자 지출을 하는 것보다 폐광에 돈을 묻는 것이 더 경제에 도움이 되지 않을까. 차라리 벤 버냉키가 인용한 밀턴 프리드먼의 말처럼 헬기에서 돈을 뿌려 강원도민들이 주울 수 있게 한다면 올림픽을 개최하는 것보다 더 효율적인 경제

효과를 발휘할지도 모르겠다. 적어도 경제적 효과에 따른 분배에서는 매우 공평하며 자연훼손도 없고, 불필요한 추가 비용도 없이 깔끔한 방법일 수 있다.

우리는 4대강 사업이 어떠한 이해관계에서 출발하여 어떠한 양상으로 전개되었는지 알고 있다. 지금 4대강은 유래 없는 녹조현상으로 제 기능을 잃어가고 있고, 홍수 방지, 가뭄 해소, 수질 개선이라는 긍정적인 효과는 희망사항이었음을 몸소 증명하고 있다. 4대강 사업을 주장했던 전문가들이 예상했었던 것처럼 고용을 창출해 냈는가? 독자분들 중에는 4대강 사업으로 직장을 얻어 지금까지 일하고 계신 분이 있는가? 결국 막대한 재정손실과 환경오염, 공기업 부실, 부정축재를 초래하고, 토목·건설 대기업의 배만 불리는 정책이 아니었던가.

올림픽 역시 경기장 및 교통 시설의 운용비용이 올림픽 종료 이후에도 투자한 만큼의 효과가 나타나지 않으면 이 또한 세금으로 손해를 메워야 한다. 동계 올림픽의 경기장들은 새로 지은 후 유지보수비용이 꽤 크게 들어가서 상당 부분 철거 및 이전을 계획하고 있는데 이 비용도 만만치 않을 것으로 예상되고 있다.

그럼에도 불구하고 이렇게 열심히 지어대는 이유는 결국 토목·건설회사 살리기이다. 다분히 정치적인 논리이지 경제적인 논리는 아니다. 자연이 아름다운 평창에 남는 것은 환경파괴와 처치 곤란한 경기장 운용보수비용인 것이다. 결국 이것을 부담해야 하는 주체는 지역 주민일 것이다. 이런 큰 비용을 관광 수입이 해결해 줄 것이라는 설득은 희망사항 아닌가?

제주도를 보면 세계10대 자연유산에 뽑히며 관광객이 매우 증가하였지만 제주도민의 삶에서 나아진 것이 있을까? 제주도에 연고를 둔 필자로서는 부동산 가격이 폭등하였다는 것 외에는 우리들의 삶이 나아진 것은 크게 없다고 느낀다. 타지역인들의 도내 사업투자로 벌어가는 이익은 많을지 모르지만 관광업에 종사하는 제주도민은 소수에 불과하기 때문에 일자리 창출 효과도 그 의미는 크게 없다. 평창도 비슷할 것이라고 예상한다. '이익은 건설사로! 손해는 도민 세금으로!'가 올림픽 구호에 딱 맞지 않을까?

IOC는 올림픽을 비즈니스로 생각하고 이익의 극대화를 넘어 과도한 탐욕을 불러일으키면서 지속적으로 비판을 받아왔다. 그 부패 정도는 매우 심해서 올림픽의 순수했던 정신은 사라진 지 오래다. 그 대표적인 사례로 2002년 동계올림픽을 솔트레이크시가 유치하는 과정에서 IOC위원들이 뇌물을 수수한 혐의가 드러나자 IOC위원 6명은 사퇴 당했고, 21년간 위원장으로 독재를 하던 사마란치가 장기간의 지배체제를 내려놓아야 했다. IOC의 독재자 사마란치도 스페인 독재자 프랑코를 따르는 파시스트였다니 독재를 제대로 배웠나 보다.

경제위기를 역발상으로
해결한 나라 아이슬란드

〈그림 3-22〉 아이슬란드 국가 정보(자료: NAVER, 외교부, KOREA, NAXOS)

　미국에서 발발한 세계 금융 위기 당시 가장 먼저 파산한 나라는 놀랍게도 아이슬란드이다. 아이슬란드는 북극과 가가까운 곳에 위치하고, 면적은 한국과 비슷하지만 인구는 제주도 인구의 절반에 해당하는 32만 명 정도로, 인구 밀도가 가장 낮은 나라이다. 주로 어업과 관광업으로 경제를 유지하던 이 나라가 어떻게 미국의 복잡한 금융시스템의 붕괴에 가장 먼저 타격을 입고 국가 부도의 위기에 처했을까?

마이클 루이스의 책 〈부메랑〉을 보면 아이슬란드의 부도 사례가 잘 설명되어 있다. 2003년에 100억 달러 정도였던 아이슬란드 3대 은행의 자산은 이후 3년 6개월 만에 1400억 달러 이상으로 증가했다. 2006년 아이슬란드의 GDP가 160억 달러였다는 점을 고려하면 3년 6개월 사이에 3대 은행이 아이슬란드 GDP의 10배에 가까운 자산을 보유하게 된 것이다. 이것이 얼마나 기이한 현상인지 이해되지 않는 독자들을 위해 예를 든다면, 우리나라의 신한은행, 국민은행, 우리은행이 삼성전자를 비롯한 국내 모든 기업들의 총생산량과 국민들의 소비와 정부지출 등의 금액을 합산한 것, 즉 GDP 1200조 원의 10배에 해당하는 1경 원이 넘는 자산을 보유하게 된 것이다. 말도 안 되는 일이다. 어떻게 아이슬란드의 3대 은행은 불과 4년이 채 되지 않는 시간 안에 자국 GDP의 10배에 가까운 자산을 보유하게 되었을까?

미국의 부동산, 증시 버블이 전 세계적으로 퍼지게 된 2000년대 초부터 상황을 분석해 보면 그 답을 찾을 수 있다. 그 당시 아이슬란드는 15%대의 고금리였다. 외국인 투자자 입장에서 연 15%의 금리는 매우 매력적이었기 때문에 투자 자금들이 아이슬란드로 몰리기 시작한다. 이 단순한 투자 방식이 화근이었다.

외국 자본이 들어오면서 크로나(Krona, 아이슬란드의 화폐 단위)의 가
치는 계속 상승하고 이로 인해 어업으로 생계를 유지하던 어부들이
갑자기 금융인으로 변신하거나 대학의 수산경제학과에서 금융공학
을 더 비중 있게 가르치는 웃지 못 할 일이 벌어진다. 이들은 일본
에서 3% 금리의 엔화 대출을 받아 이를 크로나로 바꾸고 아이슬란
드 은행에 저축하여 15%의 이자를 받음으로써 12%의 수익을 얻을
수 있다는 사실을 알았다. 아이슬란드의 국민들이 투자에 눈을 뜨
기 시작하자마자 외환 트레이더로 변신한 것이다. 거기다 계속되는
크로나의 가치 상승은 환차익(환율 변동에 따라 발생하는 이익)까지 마련
해 주었기 때문에 크로나를 엔화로 환전하여 대출을 상환할 때에는
대출 받을 때보다 더 적은 금액으로 대출을 상환하면 그만이었다.

그런데 이렇게 투기 목적으로 외국에서 들어온 돈은 당연히 증시
에도 상당한 버블을 발생시키기 마련이다.

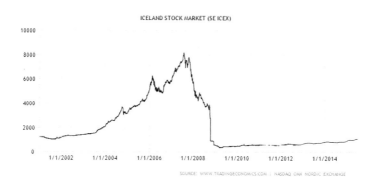

〈그림 3-23〉 자료: TRADING ECONOMICS

〈그림 3-23〉의 당시 아이슬란드 주식시장의 흐름을 보면, 2001년 1,000P대에 머무르던 지수가 2008년 금융 위기 직전 8,174P를 찍으며 무려 8배 이상의 지수 상승률을 보인다. 금융 위기 이후 2009년 4월에는 400P가 깨지며 참담한 결과를 낳았다. 고점 대비 95%의 폭락이었다. 증시에 1억을 투자했다면 500만 원이 남았다는 얘기인데, 이는 아이슬란드의 주가 지수이기 때문에 전 종목의 평균이 그렇다는 것이고, 직접 종목에 투자했다면 상장폐지로 눈앞에서 돈이 전부 사라지는 일이 부지기수였을 것이다.

금융 위기 전 아이슬란드인들은 쓰나미처럼 밀려들어오는 돈을 주체할 수 없을 정도였다. 그래서 주식, 부동산뿐만 아니라 외환선물과 옵션까지 손을 대며 투기의 강도를 높여갔다. 쉽게 대출이 가능하였기 때문에 전 세계의 여러 회사들을 사들이는 일까지도 서슴지 않았다. 그들은 대출에 대한 두려움이나 걱정이 없었다. 크로나 화폐 가치는 계속 상승하고 상대적으로 대출을 해준 나라의 화폐 가치는 하락했기 때문에 대출액이 계속 줄어드는 효과가 있었던 것이다. 〈그림 3-24〉에서 2002년 달러당 120크로나였던 환율이 2005~2006년 사이에 달러당 50크로나까지 내려갔으니, 아이슬란드 사람이 2002년에 미국에서 10만 달러를 대출하여 이를 1200만 크로나로 환전했다면, 2005년 대출금을 상환할 때에는 500만 크로나만 있으면 10만 달러로 환전이 가능했다는 것이다. 이는 크로나의 화폐 가치가 달러 대비 두 배로 상승했기 때문에 가능한 일이었다.

ICELANDIC KRONA

250

200

150

100

50

1/1/2002   1/1/2004   1/1/2006   1/1/2008   1/1/2010

SOURCE: WWW.TRADINGECONOMICS.COM | OTC INTERBANK

〈그림 3-24〉 자료: TRADING ECONOMICS

환율이 헷갈리는 분들을 위해 다른 예를 든다면, 최근 일본 여행이 늘어난 현상을 환율과 연관지어 설명할 수 있다. 2년 전 100엔당 1,500원이었던 환율이 지금은 900원대이다. 100엔으로 바꾸기위해 2년 전에는 우리 돈 1,500원이 필요했다면 지금은 900원만 있으면 100엔으로 교환할 수 있다. 환율이 하락한 만큼 우리 돈의 가치가 상승한 것이다. 2년 전에는 일본 여행 경비 10만 엔을 환전하기 위해서 우리 돈 150만 원이 필요했다면 지금은 그보다 40% 싼, 90만 원이면 된다.

다시 아이슬란드 이야기로 돌아가자. 〈그림 3-24〉에서 금융 위기 이후 아이슬란드가 파산한 2010년에는 환율이 달러 당 230크로나까지 치솟았는데 달러 당 120크로나였던 2002년에 달러로 돈을 빌린 아이슬란드인은 2010년에 빚이 2배 증가한 셈이다.

크로나의 가치가 한창 올라갈 때에는 해외에서 미리 대출해서 크로나로 바꿔 자국에 투자하는 것이 매우 호재였을 것이다. 그러나 반대로 크로나의 가치가 떨어질 때에는 해외에 상환해야 할 채무가 많아지는 것이므로 매우 부담이 되는 것이다.

캐리트레이드 자금

일본의 '와타나베 부인'이라는 얘기를 들어본 적이 있을 것이다. 우리나라로 치면 '부동산 복부인'쯤 되는 사람들이다. 일본이 경제 불황을 타개하기 위해 기준금리 인하 정책을 파격적으로 시행하면서 기준금리가 제로에 가까워지자, 일본의 돈 있는 사모님들이 일본의 은행에서 금리 1%대의 대출을 받아서 한국의 저축은행에 금리 7%대의 예금 저축을 하여 손쉽게 6%의 차익을 얻을 수 있었다.

조달금리가 낮은 국가에서 대출을 하고, 조달금리가 높은 나라에 투자함으로써 수익을 얻는 것을 '캐리트레이드(Carry Trade)'라고 한다. 캐리트레이드 자금이 A국가에서 조달되어 B국가로 투자되면 통상 B국가의 증시와 부동산 가격이 급등하며 버블이 형성된다. 그런데 만약 캐리트레이드 자금을 조달한 A국이 기준금리를 올린다면 캐리트레이드된 자금의 이자가 상승하게 되고, 이는 결국 A국의 화폐 가치가 상승하는 결과를 가져오게 된다. 이때 캐리트레이드 자금은 B국의 화폐이기 때문에 A국의 화폐로 환전을 할 때에는 환차손 리스크까지 발생한다. 그래서 B국으로 흘러들어온 캐리트레이드 자금은 A국의 기준금리가 올라가면 빠르게 A국으로 돌아가서 청산되는 현상이 발생한다. 즉 대출 이자와 A국의 화폐가치가 올랐으니 빨리 대출금을 갚는 게 효율적이라고 본 것이다. 이렇게 되면

B국가에서는 외국 자본이 빠르게 빠져나가면서 증시, 부동산 거품이 빠지게 되고 경제의 어려움을 겪게 된다. 심각할 때에는 외환위기를 겪기도 한다. 우리나라의 IMF사태나 동아시아의 여러 나라가 겪은 경제 위기는 이러한 캐리트레이드 자금의 빠른 청산으로 인한 것이었다.

뉴스타파 김진혁 PD의 5분 미니다큐 '복지 투자로 경제 위기를 극복한 나라'를 보면 미국의 금융 위기 여파로 아이슬란드가 파산했을 때 아이슬란드의 3대 은행이 떠안은 빚만 230조 원이 넘었다고 한다. 이 은행의 빚을 아이슬란드인 32만 명에게 떠넘긴다면 남녀노소 할 것 없이 한 사람당 7억 2천만 원의 빚을 안게 되는 셈이다. 이때 아이슬란드의 게이르 하르데 총리는 국민들에게 이 빚의 무게를 같이 짊어지고 해결하자고 주장한다(이 총리는 이후 경제와 관련된 6개의 범죄 항목으로 소송을 당하고 5개 항목은 무죄, 1개 항목은 유죄 판결을 받는다. 한국의 금융 마피아와 같은 사람이다). 이런 상황에서 IMF는 아이슬란드에 상환 방법과 상환 계획을 내놓으라며 압박했을 것이 당연하다. 우리나라의 IMF때 깡드쉬 총재처럼 말이다.

우리나라와 달리 아이슬란드 국민은 무조건적인 희생을 강요하는 정부에 순순히 응하지 않았다. '은행이 진 빚을 왜 국민이 상환해야 하는가?'라는 질문을 던지며 정부에 반대 시위를 벌인 것이다. 은행이 탐욕을 부리다 많은 손해를 봤기 때문에 그들 스스로 책임져야 한다는 주장이었다.

아이슬란드의 총리와 반대로 국민의 의견을 지지했던 올라푸르 라그나르 그림손 대통령은 "경영을 잘못하면 파산하는 게 기업의 당연한 논리인데 왜 은행만 예외가 되어야 하는가? 은행에 수익이 생기면 은행의 것이면서 잘못될 경우 왜 국민이 짐을 짊어져야 하는가? 민주주의 국가에서는 이를 받아들일 수 없다."라고 말했다. 채무 상환을 요구하는 여러 국제 채권자들의 압박에도 불구하고 그림손 대통령은 국민의 세금으로 은행의 빚을 갚을 것인지 아니면 국가 경제를 다시 살리는 데 투자를 할 것인지에 대해 국민 투표를 제안한다. 국민 투표 결과 93%가 국가 경제를 살리는 데 투자해야 한다고 하였다.

국민 투표 이후 그림손 대통령이 가장 먼저 시행한 정책이 복지정책이었다. 의료복지 비용을 증가시키고 실업 수당은 2년에서 4년까지 연장하여 복지의 질을 향상시켰다. 국민 중 부동산으로 대출이 증가하여 채무 상환이 불가능한 국민들에게는 과감하게 부채를 탕감해 줬다. IMF 등 채권자들은 이에 반발하며 많은 비판을 쏟아냈다. 긴축을 해도 모자랄 판에 돈을 낭비하고 있다고 말이다. 그런데 아이러니하게도 재정지출을 증가시키면서까지 국민에게 직접적으로 돈을 쓰자 아이슬란드의 경기가 다시 살아났다. 부채의 부담이 조금씩 줄어들고, 실업자들이 취업할 수 있는 여건이 조성되면서 소비까지 살아나고 오히려 건전한 경제를 갖춘 국가로 변모한 것이다.

아이슬란드는 금융 위기 직후 청년 실업률이 20%까지 급상승하였고, 전체 실업률은 8%대까지 상승하게 되는데, 복지정책을 과감하게 시행하면서 현재 청년 실업률은 5%대로 떨어졌고, 전체 실업률은 유로존 평균의 절반도 안 되는 4%대로 내려갔다〈그림 3-25〉. 또한 마이너스 경제성장률이 플러스로 돌아서며 2013년도에는 2.8%까지 상승하여 꾸준히 2~3%대를 유지하고 있다〈그림 3-26〉.

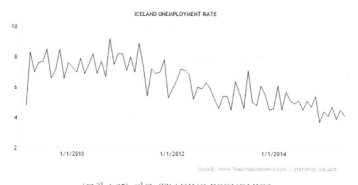

〈그림 3-25〉 자료: TRADING ECONOMICS

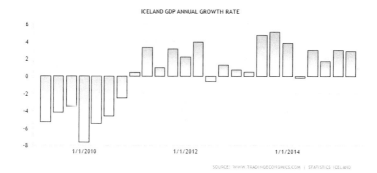

〈그림 3-26〉 자료: TRADING ECONOMICS

아이슬란드는 금융 위기 이후 세수 확보가 어려웠다. 그러나 이때 금융 위기 이전에 투자로 돈을 많이 번 소수 부자들에게 부자 증세를 단행하였고, IMF의 강력한 압박에도 불구하고 소신껏 복지정책을 밀어붙였던 것이 경제 살리기의 성공요인이 되었다. 현재 아이슬란드는 전 세계가 부러워하는 복지국가로 손꼽힌다. 금융 위기 당시 무모해 보였던 아이슬란드의 경제정책을 비판적 시각으로 바라봤던 IMF와 신용평가사들은 이제 말을 바꿔 아이슬란드의 금융 위기 극복을 매우 이례적인 성공사례라며 칭찬한다.

아이슬란드의 IMF 극복 성공 사례와 비교하여 우리나라와 그리스 사태도 살펴볼 필요가 있다.

먼저 우리나라의 IMF사태의 극복 과정을 짚고 넘어가자. IMF 당시 우리나라는 언론에서부터 권력자들까지 대기업의 구조 부실 문제를 지적하고 이를 고치는 데 앞장서기보다는 대기업을 살리기 위해 어떻게 하면 국민의 호주머니를 뜯어낼까만 궁리하던 시기였다. 그래서 결국 '금 모으기'라는 사상 유례 없는 캠페인이 벌어졌고, 이렇게 해서 모아진 국민들의 금은 IMF에 빚을 갚는 데 유용하게 쓰였으며, 이것도 모자라 대기업을 살리기 위해 '비정규직'이라는 게 처음 생겨났고, 기업의 구조조정은 손쉽게 이루어질 수 있도록 법적 제도적 장치까지 마련해주었다. 철저히 오너 입장에서 좋은 일이었다. 언제든지 노동자를 해고할 수 있는 좋은 여건을 만들어준 것이다.

아이슬란드는 국민을 살리기 위해 노력했지만 우리나라는 기업을 살리기 위해 노력했다는 것이 큰 차이다. 결국 이로 인해 국민은 IMF사태 이후 기업의 갑질에 힘들어하는 약자가 되었다-물에 빠진 놈 살려주니 보따리 내놓으라는 속담이 있다. 하지만 우리나라의 대기업은 금 모아 살려줬더니 살려준 국민 위에서 군림하는 꼴이 되었다. 보따리만 빼앗은 게 아닌 것이다-.

IMF 당시 이루어진 국민들의 '금 모으기' 운동은 IMF 사태를 막는 데 효과적이었을 뿐만 아니라 전 세계인들에게 감동을 줬던 국민 대결집이었다. 우리나라 IMF 사태의 주요 원인은 몇몇 대기업들에 있었다. 사태의 재발을 막기 위해서는 무엇보다도 이들의 반성과 개혁이 필요했다. 그러나 그 당시 우리 사회엔 서민들의 희생만 있었을 뿐, 확실한 정치 개혁과 재벌 구조의 개혁 의지는 없었다. 힘든 서민들은 돌잔치 때 받은 금반지까지 기부하며 IMF 사태를 해결하는 데 일조하려는 반면 부자들은 오히려 금을 사 모으며 금값이 올라갈 때를 기다리는 웃지 못 할 일들도 신문에 보도되었다.

어찌되었든 서민들의 희생과 대충 흉내만 낸 산업 구조 개혁을 통해 IMF를 극복하기는 하였으나 그때 제대로 된 기업 개혁, 재벌 구조 개혁을 하지 못했기 때문에 지금까지 경제 문제가 지속되고 있는 것이다.

그리스가 구제금융을 받은 2010년에도 우리나라와 마찬가지로 IMF와 채권자들은 매우 강력한 구조조정을 원했고, 문화재까지 팔아서 빚을 갚아야 하는 상황이 되었다. 연금 삭감으로 생활이 어려워졌고, 인력구조조정이 심각하여 실업자들은 계속 증가추세에 있다. 젊은이들은 해외로 떠나는 상황이 벌어졌고, 이 마저도 못하는 사람들은 길거리의 노숙자가 되어야 했다. 만약 이때 그리스도 부패한 정치권과 소수 기득권층을 청산하고, 제대로 된 부자증세로 재정을 확보하며 서민에 대한 복지를 확대하는 경제 정책을 폈더라면 현재와 같은 일이 또 반복되지 않았을 것이다. 채권자들의 압박과 이를 열심히 따른 정부의 긴축정책은 그 후에도 위기 때보다 몇 배의 부채를 증가시켰고, 사회 양극화 현상은 더욱 심해졌다.

현재 그리스 문제의 원인을 언론들이 그리스인의 나태함으로 몰아가고 있는데, 사실 진짜 원인은 불법채권 추심자보다 더 독하게 구는 IMF와 그 외 채권자들, 그리고 세금 탈루를 밥 먹듯이 하는 그리스의 기득권층들, 그리고 아이슬란드의 그림손 대통령처럼 소신 있는 정책을 펼치지 못하고 끌려다니기만 하는 무능한 리더에 있다.

아이슬란드를 보면서 위기 시 국민에게 직접적으로 복지서비스를 제공하는 것은 국민의 게으름을 발생시키는 정책이 아니라 오히려 경제의 선순환을 가져오는 정책이라는 것을 확신하게 된다. 단, 깨어 있는 국민과 이들이 뽑은 깨끗한 정치인들로 구성된 정부가 존재한다는 전제하에서 말이다.

금융위기 상황하에서 '아이슬란드 VS 한국과 그리스'의 매우 중요한 차이는 한국과 그리스의 자살률은 급증한 반면 아이슬란드는 변동이 없었다는 것이다. 앞에서 언급했듯이 복지 지출을 더욱 증가시킨 결과 사람들은 위기에서 기회를 얻을 수 있었기 때문이다. 특히 실업자들이 일자리를 얻을 수 있는 희망은 가정을 지킬 수 있다는 가장 중요한 희망이었다. 반면 한국과 그리스는 내팽겨치다시피한 결과 자살률은 급속도로 증가하였다. 한국은 더 이상 재치고 올라갈 자리가 없는 곳까지 가 있다.

그리스는 OECD 국가 중 자살률이 가장 낮은 국가였다. 그 이유는 그리스의 국민성이 낙천적이고, 그리스인 인구의 98%가 그리스 정교회를 믿기 때문에 자살이 종교에 위배된다고 생각하는 그리스의 국민들에게는 자살을 하면 그 유족들까지 낙인을 찍어서 비난하는 여론이 있었기 때문이다. 그래서 사고사로 위장하는 경우가 있을 정도로 자살은 가족에게 '주홍글씨[66]' 같은 것이었다.

그런데 2012년 그리스 자살률이 금융위기 전보다 두 배로 증가한다. 결국 IMF의 긴축 요구가 자살을 매우 싫어하는 그리스인에게도 자살을 강요하는 계기로 작용한 것이다. 이것은 자살을 가장한 명백한 타살이다. 우리나라도 IMF 사태 때 많은 가장들이 자살을 했다. IMF의 압박과 정부의 무책임한 행동이 자살을 방조한 것에서 기인한 타살이라고 할 수 있다.

마무리 하자면 앞에서도 아이슬란드의 금융위기를 극복해가는 사례를 들었지만, 아이슬란드는 그리스와 정반대 정책을 내놓았다. IMF의 긴축조치를 따르지 않은 결과 국민의 행복과 경제적 여유를 모두 가질 수 있었고, 자살도 증가하지 않았다. 그리고 지금 살기 좋은 나라 9위에 올랐다.

위기를 극복하는 과정에서 정부가 국민에게 해야 할 가장 큰 임

---

66) 나다니엘 호손의 소설 〈주홍글씨〉에서 유래. 간음(Adultery)한 여자에게 'A' 자를 수놓아 다니도록 하여 수치의 상징이 됨

무는 희망을 가질 수 있도록 손에 잡히는 정책을 내놓아야 한다는 것이며, 위기 시 정부는 부의 재분배를 위한 노력을 해야 한다. 재분배 과정은 실업자를 취업시키는 데 있으며 불평등을 줄여주어 박탈감을 덜 느끼도록 해야 한다.

아이슬란드의 금융위기 극복 사례는 이를 해결하였기에 이루어진 좋은 교훈인 것이다.

에필로그

2014년 4월 16일 우리나라는 씻을 수 없는 상처를 경험했습니다. 수학여행 길에 오른 고등학교 학생을 포함한 교원과 우리 국민 수백 명이 세월호 참사에 목숨을 잃었습니다. 사고의 원인은 아직 명확하게 밝혀지지 않았지만 사고가 일어나기 전에 수십, 수백 가지의 전조증상이 있었습니다. '나 하나쯤이야…', '이때까지 괜찮았으니까…', '남들도 다 그렇게 하는데…' , '잠깐인데 뭐 어때…' 하는 생각들이 모여 이와 같은 참사가 일어난 것입니다. 우리가 괜찮다고 여기고, 무시해왔던 비정상적인 사소한 것들이 얼마나 치명적으로 다가올 수 있는지를 이번 사고를 통해 뼈저리게 배웠습니다.

대한민국은 세월호 사고 이전과 이후로 나눌 수 있을 만큼 달라질 것을 스스로 약속했습니다. 그러나 무엇이 바뀐 걸까요. 세월호 사고가 발생한 지 보름도 지나지 않아 서울지하철 2호선 전동차의 추돌 사고가 발생했고, 같은 달, 장성의 한 요양병원에서는 방화로 추정되는 화재 사고로 스무 명이 넘는 생명이 희생되었습니다. 그해 가을에는 판교의 한 행사장에서 환풍구 추락사고가 발생하여 또 수십 명의 안타까운 목숨을 앗아갔습니다. 최근에는 메르스 바이러스의 확산으로 36명의 사망자가 발생했고, 수만 명이 격리되는 사태를 겪었습니다. 이 모든 사건 사고들은 사전에 예방할 수 있었던 것들입니다. 우리의 안전 의식과 국가의 재해대책의 대응이 세월호 이후에 달라졌다면 발생하지 않았거나 많은 사망자가 발생하지 않았을 일들입니다. 과연 우리나라는 세월호 이후에 달라졌을까요? 눈물로 아로새긴 세월호의 기억들을 벌써 잊어가는 것은 아닐까요?

지금 우리나라의 경제 상황도 낙관적이지는 않습니다. 가계와 정부(특히 공기업)의 부채 문제, 천정부지로 오르는 전세값, 사상 최대의 청년 실업률, 심각한 소득과 자산의 불평등 등 이 모든 것들이 한국경제의 위기가 임박했음을 가리키고 있습니다. 2008년 금융 위기 이후에 수많은 책들이 한국경제의 위기를 다루고 있습니다. 경제 전문가들의 지적도 다르지 않습니다. 하지만 정부는 '아직' 괜찮다는 말로 일관하고 있습니다.

수백 명의 생명과 함께 수장된 세월호도 사고 전날인 4월 15일까지는 괜찮았습니다. 저는 정부의 '아직 괜찮다'는 말을 '곧 안 괜찮아질 수도 있다'라고 이해합니다. '아직'이라는 수식어를 붙임으로써 위기의 책임에서 빠져나갈 구멍이 만들어지는 것도 아닌데, 군이 '아직'이라는 단정적이지 못한 표현을 쓴 것을 보면 일말의 양심은 남아 있는 걸까요? 어쩌면 위기를 알고는 있지만 어쩔 수 없다는 미필적 고의의 메시지를 던지는 걸지도 모릅니다.

이 책에서는 정부나 언론에서 공론화해서 다루기 힘든 불편한 내용들을 최대한 많이 담으려고 노력했습니다. 하지만 다루지 못한 내용들도 많이 있습니다. 급격하게 감소하고 있는 출산율과 고령화 등 인구구조적인 문제들과 중소기업, 대기업 간의 심화되는 격차 등의 산업구조적인 문제들, 정부의 역행하는 조세정책과 복지정책 등 언급하지 못한 문제들도 하나같이 비정상적인 한국 경제를 지칭하고 있고, 또한 우리나라를 위기로 몰아가는 요소들입니다.

박근혜 대통령은 비정상의 정상화를 위해 '뼈를 깎는 노력'을 주문했습니다. 죽음의 문턱에서 뼈를 깎아서 생존할 수 있다면 기꺼이 뼈를 깎아야 합니다. 하지만 우리가 기억해야 할 과거가 있습니다. IMF 구제금융 사태를 겪으며 우리는 돌배기의 손가락에서 돌반지를 빼냈고, 청년들은 10년이 넘도록 취업난에 허덕이고 있습니다. 기업의 구조조정으로 가장들은 거리로 내몰렸고, 어르신들은 생계를 걱정하는 처지에 이르렀습니다. 그리고 아직까지 고통이 이어지고 있습니다. 하지만 일부 대기업과 자산가들은 어땠을까요.

국민들이 자발적으로 모은 227톤의 금을 수출하는 과정에서 변칙 거래로 2조 원대의 세금을 포탈하다가 적발된 기업도 있었고, 고급주택가의 금고에 꼬불쳐진 수천 수억 원대의 달러화 뭉치들이 도둑에게 털려 뉴스에 소개되는 웃지 못 할 사건들도 소개 되었습니다. 어떤 사람들은 같은 시기에 해외 원정 도박으로 수억 원의 외화를 탕진하기도 했습니다. IMF를 겪으며 힘들어진 서민들의 삶과 대조적으로 수출기업들은 2배나 오른 환율 덕분에 막대한 이익을 취했고, 자산가들은 폭락한 부동산을 쓸어 담아 더욱 많은 부를 축적했습니다. 위기를 지나면서 사회 불평등은 더욱 심화되었습니다.

대통령이 주문한 '뼈를 깎는 노력'이 이번에도 서민이 주체가 되어서는 안 됩니다. 그것으로는 근본적인 해결을 할 수가 없습니다. 그러나 정부의 경제 정책들은 또 다시 서민의 희생을 강요합니다. 이 책을 집필하는 동안 2015년 하반기 경제정책방향과 청년고용대책이 발표되었습니다.

하반기 경제정책방향은 재정 보강, 청년 고용 여건 개선, 수출과 투자 활성화, 가계 소득 증대 및 생계비 절감, 주택시장 정상화 등의 5대 경제활성화 과제 및 구조개혁 방안을 담았습니다. 청년고용대책에는 2017년까지 20만여 개의 일자리를 창출하는 방안을 실었습니다.

그러나 15조 원의 추경예산으로 경제에 활력을 불어 넣기는 부족하다는 점, 15조 원으로 무엇을 할 것인지 구체적인 계획이 없었다는 점, 추경으로 인한 국가 채무의 부담을 얘기하면서도 고소득층과 대기업을 대상으로 한 증세는 검토되지 않은 채, 경차의 취득세 면제 혜택을 폐지하는 등의 문제를 지적 받고 있습니다. 애초에 서민생활안정을 위한 사업을 중심으로 편성하겠다는 최 부총리의 설명과 달리 '서민금융 지원 강화 방안' 외에 이렇다 할 정책이 없습니다. 개인종합자산관리계좌(ISA)를 도입하여 비과세 혜택을 주는 것만으로는 서민층을 지원하는 효과가 크지 않다고 전문가들은 지적합니다.

청년고용대책도 별반 다르지 않습니다. 공공부문 일자리 정책의 핵심은 임금피크제였습니다. 교원 명예퇴직을 확대해 신규교원을 채용하겠다는 부분과, 임금피크제 도입을 통해 청년 채용을 확대하겠다는 것은 해고와 임금삭감으로 일자리를 만들겠다는 말입니다. 정부가 부담 없이 노동자들에게 청년 채용 비용을 모두 전가하는 정책입니다. 20만 일자리 중에서 민간 일자리 12만 5,000개는 인턴, 직업훈련 등 정규직 전환이 불투명한 임시직입니다. 단기간에 한정된 미봉책일 뿐입니다. 오히려 해당 기업들에게는 세금을 감면해주고 지원금을 지급하는 등의 특혜 논란이 불거지고 있습니다. 청년 채용을 핑계로 해고와 임금삭감을 정당화하고, 기업특혜까지 주려는 것이 아니냐는 말까지 나오는 이유입니다.

이러한 대책들을 결정하는 과정도 문제가 있습니다. 정부부처 관계자 6명과 6개의 경제 단체장이 참석해 논의된 이번 청년고용대책은 노동계 인사는 단 한 명도 참여하지 못했습니다. 일자리 대책을 논의하는 자리에 정부와 경제인만 모여 논의하고 대책안을 마련한 것입니다. 당연히 노동계 측의 입장은 배제될 수밖에 없습니다. 또한 이번 대책의 목표 시점은 2017년입니다. 내 후년 대선을 겨냥한 임기응변식 대책임을 스스로 드러내고 있습니다. 적어도 10년 앞을 내다보는 정책을 제시했어야 합니다.

'뼈를 깎는 노력'은 다시 우리 앞에 놓여져 있습니다. 사실 우리나라의 경제가 이렇게 망가진 데에는 우리의 책임도 있습니다. 우리가 선출한 국민의 대표들이 만들어 놓은 대한민국입니다. 그들이 대한민국을 이렇게 만들어가는 동안 우리는 관심을 갖지 않았습니다. 관심을 가졌더라도 목소리를 내지 않았습니다. 목소리를 냈더라도 소리가 작았습니다. 소리를 크게 질렀더라도 일부 사람들에 불과했습니다. 이제 모두 한 목소리를 내야 합니다.

작년에 한국을 방문했던 프란치스코 교황의 말씀을 되새겨볼 필요가 있습니다. 종교적 범위를 넘어서 정치, 경제, 사회문제의 범위를 아우르는 말씀들이었습니다.

"십계명의 '살인하지 말라'를 현대적 의미에서 해석하면 '경제적 살인을 하지 말라'가 될 것이다."

"아무 규제 없는 자본주의는 새로운 독재다."

"과거엔 유리잔이 차면 흘러넘쳐 가난한 자에게도 혜택이 돌아간다는 믿음이 있었지만, 지금은 유리잔이 찬 뒤 마술처럼 잔이 더 커져버린다."

"가난한 자는 힘든 일을 하면서 박해를 받는다. 그런데 부자는 정의를 실천하지도 않으면서 갈채를 받는다."

"새로운 형태의 가난을 만들어 내고 노동자들을 소외시키는 비인간적인 경제모델들을 거부하길 빈다."

"올바른 정신적 가치와 문화를 짓누르는 물질주의의 유혹에 맞서, 이기주의와 분열을 일으키는 무한 경쟁의 사조에 맞서 싸우기를 빈다."

저는 개인의 재무 상담 및 재테크 상담을 직업으로 삼은 지 6년이 되어갑니다. 20대 대부분을 군생활로 보내고, 보험사, 증권사를 거쳐 지금까지 돈에 대해 공부를 하면서 느낀 것은 재테크나 재무 설계로 자신의 미래를 보장할 수 없다는 것이었습니다. 돈을 모으는 기술이 있다고 해서, 재무계획을 잘 짠다고 해서, 모두 돈을 많이 벌고 잘 살 수 있다고 한다면, 공교육에 전 국민이 부자 되는 재테크와 재무 설계 방법을 담아서 가르치는 것이 가계부채 문제를 해결하고 국가 경제를 살리는 가장 빠른 방법이 될 것입니다.

하지만 저는 재테크와 재무 설계로 국민이 부자가 되는 경우는 극히 일부라고 생각합니다. 그렇기 때문에 재테크나 재무 설계가 아닌 사람에 대한 복지가 중요합니다. 복지로 부자는 안 되더라도 최악의 상황에 내몰리는 국민이 없도록 해야 합니다. 우리나라는 충분히 복지를 할 수 있는 나라임에도 불구하고 복지를 하지 않는 나라라는 것을 알았습니다. 그리고 이러한 복지를 위해서는 깨끗한 정치가 선행되어야 하며, 깨끗한 정치를 위해서는 국민의 무한 관심이 필요하다는 것을 배웠습니다.

현 정부의 대선공약이었던 반값 등록금은 7조 원, 고등학교무상교육은 2조 7천억 원, 누리과정 4조 원, 전국 무상급식 2조 6천억 원의 예산이면 이행할 수 있습니다. 모두 합쳐도 20조 원이 넘지 않습니다. 중세 없이 가능하다던 위의 공약들은 지자체 예산으로 떠넘겨졌습니다. 일부는 연기되거나 폐기되었습니다. 예산이 부족하다는 이유였습니다. 이명박 정부 5년 동안 사대강, 자원외교, 방산비리로 100조 원의 혈세가 증발했습니다. 반값등록금, 무상교육, 무상급식 복지 정책으로 5년 동안 쓰고도 남을 돈입니다. 우리의 무관심이 만들어낸 폐해입니다.

 정치, 경제 문제를 어렵다고 덮어두고 자기의 일만 열심히 하다 보면 성공을 할 수 있을 것 같지만, 성공의 문턱은 높아지기만 합니다. 이 사회는 누구나 성공할 수 있는 세상이 만들어지는 것을 탐탁하게 생각하지 않습니다. 정치에 무관심한 국민들이 많을수록 정치인들의 부패는 더 빨리 진행되고, 성공의 문턱은 더 높아집니다.

 이로 인해 서민은 돈 벌기가 더 힘들어지고, 노후는 불안해지며, 그렇게 되지 않기 위해 어려운 투자기술을 배워가며 재테크를 해야 하는 상황에 처합니다. 투자에서 돈을 잃었을 때 그 상실감은 매우 클 수밖에 없는 현실을 깨달았을 때는 이미 늦은 경우가 많습니다.

 나의 문제는 아니지만 곧 나의 문제로 닥칠 수 있다는 마음으로 다른 사람이 처해 있는 곤란한 경제, 정치문제에 관심을 가지고, 정치인들이 약자의 편에서 그 문제를 해결하고 다시는 일어나지 않도록 법과 제도를 잘 정비하는지를 지켜보는 것이 나중에 내가 어려워질 때 법과 제도로 보호받을 수 있는 안전장치가 될 것이라는 것을 인지해야 합니다.

 마지막으로 필자가 이 책을 통해 여러분께 전하고 싶은 메시지를

이재명 성남시장이 SNS에 남겨주셨습니다. 인용을 마지막으로 책을
마칩니다.

"(상략)부정부패 안 하고 예산낭비 안 하면 그 돈으로 국민이 원하는
각종 무상 복지사업 다 하고도 남습니다. '나라에 돈이 없는 게 아니
라 도둑이 너무 많다'는 말이 맞습니다. 좋은 정치인도 나쁜 정치인도
결국 국민이 선택합니다. 참여가 힘입니다."

P.S. 이 책을 집필한 저자 세 명은 절대 자살하지 않을 것임을
    선언합니다.

색인